Leichte Gerichte

Mit nur 5 Zutaten

garant

Inhaltsverzeichnis

Vorwort

Manchmal ist weniger eindeutig mehr. Seitenlange, komplizierte Rezepte mit ellenlangen Zutatenlisten sind lästig und kosten Zeit. Nicht nur die Zubereitung, sondern auch die Beschaffung der Zutaten müssen hierbei zeitintensiv geplant werden. Und schlimmer noch. Viele der meist außergewöhnlichen Lebensmittel braucht man nie wieder. Die Folge: Irgendwann landen sie im Müll. Und das möchte keiner. Also verabschieden Sie sich von Rezepten, die nur Stress machen, und entdecken Sie die praktische 5-Zutaten-Küche.

Wer ohne stundenlange Vorbereitungen etwas Frisches auf den Tisch bringen und leichtes und gesundes Essen genießen möchte, findet in diesem Buch jede Menge Inspirationen für abwechslungsreiche Gerichte. Sie sind kinderleicht, lecker, kalorienarm und damit alles andere als „Hüftgold". Und das Beste: Für keines der Rezepte brauchen Sie mehr als fünf Zutaten. Zutaten, die Sie meist zu Hause vorrätig haben oder nach Feierabend noch schnell einkaufen können. Dazu ein paar Basics, die sowieso im Vorrats- und Kühlschrank stehen, und schon steht ein frisches und leichtes Frühstück oder Abendessen auf dem Tisch. Da haben Fertiggerichte und industrielle Produkte, die viele versteckte Zuckerarten und Fette enthalten, keine Chance mehr. Und das schont nicht nur das Kalorienkonto, sondern auch den Geldbeutel.

Schlagen Sie also Ihren überflüssigen Pfunden ein Schnippchen, genießen Sie frische Ideen für Frühstück, Mittag- und Abendessen und bereiten Sie gesunde Snacks und köstliche Desserts zu. Mit einer kleinen Einkaufsliste haben Sie im Nu die Zutaten für eine ganze Woche besorgt, ohne schwere Tüten schleppen zu müssen. Jetzt heißt es nur noch: genießen, ohne zu hungern.

Einleitung

So einfach und so gesund. Wer seiner Linie und seinem Gaumen etwas Gutes gönnen möchte, liegt mit der leichten 5-Zutaten-Küche genau richtig. Da jedes der Rezepte schnell gemacht, übersichtlich und unkompliziert ist, sind sie nicht nur wunderbar in den Alltag integrierbar, sondern eignen sich auch ideal für Kochneulinge. Das Konzept ist schnell zu verstehen: Jedes Gericht besteht aus maximal fünf Hauptzutaten. Hinzu kommen ein paar Basics wie Gewürze zum Abschmecken, Essig und Öl für ein leichtes Dressing oder Butter und Öl zum Anbraten. Diese Basics sollten Sie immer zu Hause haben. Da man sie für die allermeisten Rezepte benötigt, kann ein Vorrat nicht schaden. Darüber hinaus ist es sinnvoll, sich mit elementaren Grundnahrungsmitteln auszustatten. Sie sind die Must-haves, aus denen sich immer wieder auf die Schnelle etwas zaubern lässt.

Zutaten-Basics für den Vorratsschrank

Wer gut haltbare Zutaten immer griffbereit hat, macht sich das Leben leichter. Deshalb ist es sehr zu empfehlen, einige Zutaten als Vorrat anzulegen und den Vorratsschrank von Zeit zu Zeit zu überprüfen und aufzufüllen. So können Sie auch in stressigen Momenten schnell ein gesundes und leckeres Gericht auf den Tisch zaubern, ohne vorher einen langwierigen Einkaufsmarathon absolvieren zu müssen. Die folgende Liste dient als Anregung für einen gut sortierten Vorratsschrank und kann ganz nach dem persönlichen Geschmack erweitert werden.

Must-haves für die 5-Zutaten-Küche

- Gewürze (z. B. Pfeffer, Paprikapulver, Currypulver, Kreuzkümmel, Knoblauchpulver, Garam Masala, Kurkuma)
- getrocknete, frische und TK-Kräuter (z. B. Petersilie, Schnittlauch, Basilikum, Rosmarin, Oregano, Thymian)
- Würzsoßen- und pasten (z. B. Tomatenmark, Senf, rote Currypaste, Sojasoße, Worcestersoße)
- TK-Gemüse (z. B. Blatt- und Rahmspinat, Brokkoli, Blumenkohl, Erbsen, Bohnen)
- TK-Früchte (z. B. Mango, Himbeeren, Blaubeeren, Erdbeeren)
- Getreide und Pseudogetreide (z. B. Haferflocken, Reis, Pasta, Couscous, Bulgur, Quinoa)
- Hülsenfrüchte, getrocknet oder aus der Dose (z. B. Kidneybohnen, Kichererbsen, Linsen)
- Gemüse-Konserven (z.B. passierte Tomaten, Mais, Oliven, Gewürzgurken)
- verschiedene Essig- und Ölsorten (z.B. Apfelessig, Balsamico, Olivenöl, Rapsöl)
- verschiedene Samen, Nüsse und Kerne (z. B. Chiasamen, Sesam, Kürbiskerne, Haselnüsse, Mandeln)

Der Weg zur Traumfigur?

Gesundes und leichtes Essen schließt Genuss nicht aus, wie die Rezeptideen in diesem Buch beweisen. Wer sein Wohlfühlgewicht halten oder nach besonderen Fest- und Feiertagen ein paar Pfunde loswerden möchte, muss bei der leichten 5-Zutaten-Küche auf nichts verzichten. Sie schmeckt so gut, dass Sie sogar dauerhaft am Ball bleiben können. Ihr Körper bekommt alles, was er benötigt, um fit zu bleiben. Und eines ist ganz sicher: Mit Crash-Diäten oder anderen Diäten, die Verzicht fordern, müssen Sie sich nicht mehr herumquälen.

Ernährungsumstellung statt Crash-Diät

Diäten versprechen uns das Blaue vom Himmel. Kaum jemand, der nicht schon einmal eine Crash-Diät gemacht hat, um den angefutterten „Speck" wieder loszuwerden. „5 Kilo in einer Woche!" heißt es da, oder „3 Pfund in 3 Tagen!". Da kann man schon schwach werden und sich ein paar Tage kasteien und völlig einseitig ernähren. Egal, ob Ananas-Diät, Saftkur, Kohlsuppen-Diät, Eier-Diät, Kartoffel-Diät, Reis-Diät, um nur einige zu nennen. Bei „Hauruck-Diäten" übt man vor allem eins: Verzicht. Verzicht, der Körper und Geist müde werden lässt und auf die Stimmung schlägt. Blitz-Diäten sind auf einen kurzfristigen Erfolg ausgerichtet. Wohl kaum jemand würde auf die Idee kommen, derartige „Hungerkuren" über längere Zeit anzuwenden. Da sie die Nahrungsauswahl stark einschränken, sind sie auf lange Sicht nicht nur eintönig und nehmen die Lust am Essen. Sie können auch zu erheblichen Mangelerscheinungen führen. Klar, in der Regel purzeln ein paar Pfunde, meist gehen aber nur Wasser oder Muskelmasse verloren. Was so gut wie unberührt bleibt, ist das Körperfett. Und dann haben die Blitz-Diäten eine Crux, die alle kennen, die sie schon gemacht haben. Isst man danach weiter wie vor der Diät, ist das Gewicht schnell wieder auf den Hüften, manchmal sogar noch mehr als zuvor. In diesem Zusammenhang spricht man vom sogenannten Jo-Jo-Effekt. Denn wer nach der Diät wieder wie gewohnt isst, läuft Gefahr, gleich wieder zuzulegen. Schließlich waren es ja die alten Ernährungsgewohnheiten, die einen überhaupt zunehmen haben lassen. Die Folge: Mit den alten Gewohnheiten kommt auch das alte Gewicht wieder zurück. Ein Teufelskreislauf, der sich auf die Gesundheit auswirkt. Deshalb ist eine Ernährungsumstellung die einzige Möglichkeit, um dauerhaft erfolgreich den Körperfettanteil zu reduzieren. Die Ernährung sollte deshalb ausgewogen, gesund und vor allem nicht zu restriktiv sein, damit sie gut in den Alltag integrierbar und über einen längeren Zeitraum hinweg durchführbar ist. Im Zuge des Schlankheitswahns ist die eigentliche Bedeutung des Begriffes „Diät" in Vergessenheit geraten. Das Wort hat seinen Ursprung im Griechischen, kommt von „diaita" und bedeutet so viel wie: „Lebensführung", „Lebensweise" oder „(Lebens-)Ordnung". Eine Diät sollte also eigentlich bedeuten, dass man eine Lebens- und Ernährungsweise führt, mit der man langfristig gut leben kann. Eine Ernährungsweise, bei der man sich wohlfühlt, individuell auf die eigenen Bedürfnisse zugeschnitten. Was heißt das letztlich? Eine Diät, also eine Ernährungsweise, sollte vor allem eines: schmecken, Psyche und Körper guttun, abwechs-

lungsreich, leicht umsetzbar sein und natürlich satt machen. Nicht zu vergessen: Sie sollte dem Körper alle Vitamine, Mineralstoffe, Ballaststoffe, essenzielle Fett- und Aminosäuren zur Verfügung stellen.
Die leichte 5-Zutaten-Küche tut das. Deshalb ist sie auch eine Möglichkeit, die dauerhaft genutzt werden kann. Kleine Sünden oder auch schon mal größere fallen dann kaum ins Gewicht. Wer weitestgehend nicht mehr Kalorien zu sich nimmt, als der Körper verbrennt und darüber hinaus mehr Bewegung in sein Leben integriert, muss kulinarisch auf nichts verzichten.

Im Dschungel der „Diäten“

Und doch gibt es Diäten im Sinne von Ernährungsweisen, in denen bewusst auf etwas verzichtet wird. Sie schränken die Aufnahme von bestimmten Lebensmittelgruppen ein, um eine Gewichtsabnahme herbeizuführen. Dabei sind sie nicht so einschränkend wie Crash-Diäten und auch besser in den Alltag zu integrieren. Sie sollen hier kurz vorgestellt werden.

Low Carb liegt im Trend

Wer sein Gewicht stabil im gesunden Bereich halten möchte und trotzdem abwechslungsreich essen möchte, stößt schnell auf Low Carb, eine Ernährungsweise, die mittlerweile sehr viele Menschen dauerhaft praktizieren. Was ist das Prinzip? Eine offizielle Definition gibt es nicht. Allerdings gilt eine Ernährung, bei der die tägliche Kohlenhydratmenge auf 100 Gramm oder weniger beschränkt ist, im Allgemeinen als kohlenhydratarm. Die meisten Menschen nehmen im Durchschnitt zwischen 200 bis 300 Gramm Kohlenhydrate pro Tag zu sich, größtenteils in Form von raffiniertem Getreide, zuckerhaltigen Getränken und Süßigkeiten. Bei Low Carb geht es nicht darum, gänzlich auf Kohlenhydrate – diese sind neben Fett die Hauptenergiequelle des Körpers – zu verzichten. Es geht vielmehr darum, die kurzkettigen Kohlenhydrate, wie sie in Süßigkeiten und Backwaren zu finden sind, wegzulassen und wenn, dann nur auf komplexe Kohlenhydrate, wie sie in Vollkornprodukten, Hülsenfrüchten und Gemüse vorkommen, zurückzugreifen. Wie

viele gesunde und langsam resorbierbare Kohlenhydrate man täglich zu sich nehmen sollte, hängt mit von der körperlichen Aktivität, der Körperzusammensetzung und der Stoffwechselgesundheit ab.
Bekanntester Vertreter der Low-Carb-Methode ist die Atkins-Diät. Der neueste Low-Carb-Trend ist die ketogene Diät, bei der der tägliche Kohlenhydratanteil sehr stark gesenkt wird. Weitere modifizieren das Prinzip, etwa Dukan-Diät, Logi-Methode, Montignac-Diät, South-Beach-Methode, Steinzeit- oder Paleo-Diät sowie teilweise die 5:2-Diät. Die Rezepte fürs Abendessen in diesem Buch orientieren sich an einer sanften Low-Carb-Methode und sind kohlenhydratarm ausgerichtet, verzichten aber nicht vollkommen darauf. Kohlenhydratreiche Lebensmittel fördern die Insulinausschüttung, lassen den Blutzuckerspiegel Achterbahn fahren und führen oft zu Heißhungerattacken. Gerade abends sollte man sich also lieber mit viel ballaststoffreichem Gemüse, gesunden Fetten und magerem Eiweiß ernähren. Sie sättigen nämlich besonders gut und verhindern Snacklust und Süßhunger.

Fettkonsum einschränken mit Low Fat

Die Low-Fat-Diät hat wie Low Carb eine wachsende Fangemeinde. Sie basiert auf der Annahme, dass der Verzehr von weniger Fett dauerhaft zu einer Gewichtsreduktion führt. Wie weit der tägliche Fettverzehr reduziert werden sollte, darüber gibt es abweichende Meinungen. Durchschnittlich essen erwachsene Männer und Frauen in Deutschland 150 Gramm Fett pro Tag – das ist fast dreimal so viel, wie im Rahmen einer gesunden Ernährung empfohlen wird. Die Low-Fat-Diät empfiehlt deshalb, den täglichen Fettkonsum auf 60 Gramm zu reduzieren, bei Low Fat 30 sogar auf 30 Prozent. Obst und Gemüse, aber auch Reis, Nudeln, Brot, Kartoffeln und Hülsenfrüchte, mageres Fleisch und fettarme Milchprodukte bilden die Grundpfeiler dieser Ernährung. Auf gesunde ungesättigte Fettsäuren, wie sie in Lachs, Nüssen, Avocados oder Olivenöl vorkommen, sollte man jedoch nicht vollkommen verzichten, sondern sie in vernünftigem Maß zu sich nehmen. Denn unser Körper kann viele Vitamine nur in Kombination mit Fettsäuren aufnehmen. Und auch unser Hormonhaushalt ist auf eine ausreichende Versorgung mit gesunden Fetten angewiesen.

Leicht und gesund

Für welche Diät bzw. Ernährungsform Sie sich auch entscheiden: Grundpfeiler jeder Gewichtsreduktion ist, dass Sie ein Kaloriendefizit herstellen. Das bedeutet, dass Sie über einen längeren Zeitraum hinweg täglich mehr Energie verbrennen, als sie zu sich nehmen. Nur so greift der Körper auf seine Fettreserven zurück, was sich dann auch auf der Waage bemerkbar macht. Neben einer bewussten Ernährung helfen auch mehr Bewegung im Alltag und regelmäßiger Sport, das wichtige Kaloriendefizit zu erreichen.

Fürs Durchhalten entscheidend ist, dass keine Langeweile auf dem Teller herrscht und sich die Diät gut in den Alltag integrieren lässt. Wichtig ist zudem, dass sie zu Ihren persönlichen Vorlieben passt. Mit einer leichten, abwechslungsreichen Ernährung, die sättigt und damit zufrieden macht, purzeln nicht nur lästige Pfunde, sie kommen auch nicht wieder. Insgesamt werden Sie sich fitter und gesünder füh-

len. Die Rezepte in diesem Buch kommen ohne viele Kalorien aus – frisches Gemüse, mageres Fleisch oder Fisch sowie kalorienarme Zutaten und ballaststoffreiche Lebensmittel sind der Schlüssel zum Erfolg. Dann stimmt auch die Tagesbilanz. Denn diese ist das A und O.
Leichte Gerichte sind aber nicht nur für Abnehmwillige interessant, sondern für alle, die sich bewusster und gesünder ernähren möchten, denn leichte Gerichte beinhalten viel Gemüse und Obst (Ballaststoffe, Mineralien, Vitamine), viele langkettige Kohlenhydrate in Vollkornprodukten (Ballaststoffe), tierisches und pflanzliches Eiweiß (wichtig für Zellaufbau/Zellreparatur) und gesunde Fette (u. a. Baustein von Nerven und Zellgewebe).

Tipps für den nächsten Einkauf

Wer seine Ernährung umstellen möchte, kommt nicht umhin, sein bisheriges Einkaufsverhalten zu überprüfen und umzustellen. Denn nicht nur offene Dickmacher lauern in jedem Supermarkt, auch jede Menge versteckte. Wir empfehlen, industriell stark verarbeitete Lebensmittel zu meiden oder zumindest einen genauen Blick auf die Zutatenliste und Nährwerttabelle zu werfen. Damit kann man schon vielen Fett- und Zuckerfallen entkommen.

Zucker steckt fast überall!

Dass in Schokolade, Keksen, Kuchen, Getränken und Süßigkeiten jede Menge Zucker steckt, weiß jedes Kind. Doch im Alltag lauern weitere Zuckerfallen. Statt hochwertiger Zutaten wird vielen Lebensmitteln Zucker hinzugefügt, weil er für Geschmack und Fülle sorgt. Dieser wird zwar in der Zutatenliste angegeben, allerdings meist unter Namen, die nicht unbedingt darauf hinweisen: Dextrose, Glukose-Sirup, Traubensüße, Apfeldicksaft oder Gerstenmalzextrakt. Vorsicht: Sie sind Zucker pur. Einige Produkte werben damit, dass sie weniger süß sind, weniger Zucker oder keinen Zuckerzusatz enthalten. Das heißt jedoch nicht, dass kein Zucker drinsteckt. Meist werden Konzentrate oder Fruchtsaftkonzentrate eingesetzt, die genauso dick machen. Die Weltgesundheitsorganisation empfiehlt, täg-

lich nicht mehr als 25 Gramm Zucker mit der Nahrung aufzunehmen. Das entspricht etwa sechs Teelöffeln. Achten Sie deshalb auf Zuckerfallen wie z. B. Frühstückscerealien, Fertigmüslis, Fertigsoßen, Softdrinks, Ketchup, Rotkohl aus dem Glas, konservierte Früchte, Fruchtjoghurt, Salatsoßen, Instant-Cappuccino oder TK-Pizza. Alternativen zu den Zuckerbomben gibt es genug: Kaffee, Wasser und ungesüßte Tees, selbst angerührte Dressings, Soßen und Dips, frisches Gemüse, selbst zubereitet, frisches Obst und Naturjoghurt, in den Sie Früchte rühren können, um ihn zu süßen. Prinzipiell gilt: Je weniger verarbeitet ein Produkt ist, desto weniger Zucker wurde ihm zugesetzt.

Auf versteckte Fette achten

Achten Sie auch auf Fettfallen. Sie schlummern in Wurst (z. B. Salami, Leberwurst), Käse und Milcherzeugnissen, Gebäck und salzigen Knabbereien oder Süßigkeiten wie Schokolade. Nicht zu vergessen in vielen Fertiggerichten wie Pizza,

Pommes und natürlich allem, was irgendwie mit einer Panade überzogen und frittiert wurde. In Sachen Wurst gibt es schlanke Alternativen: Schinken, Putenbrust oder Corned Beef zählen z. B. dazu. Auf paniertes Schnitzel und frittierte Pommes verzichtet man lieber komplett und genießt lieber das Naturschnitzel oder knusprig gebackene Ofenkartoffeln. Und bei Milchprodukten sollte man nicht ganz so fette Käsesorten wie Mozzarella oder Feta wählen und lieber zum Magerquark anstatt zur Vollfettvariante greifen. Wer auf herzhafte Snacks nicht verzichten kann, knabbert entweder Salzstangen oder probiert sich durch die zahlreichen Snackideen aus diesem Buch.

Trügerische Light-Produkte

Verbraucher greifen gern zu Light-Produkten. Doch der Aufdruck „light" bedeutet nicht zwangsläufig, dass dieses Lebensmittel auch kalorienarm ist. Zwar sind die Produkte oft fettreduziert. Da Fett jedoch Geschmacksträger ist, wird Nahrungsmitteln, denen Fett entzogen wurde, oft ein anderer Geschmacksträger hinzugefügt: Zucker – und damit auch viele unnötige Kalorien. Und da Fett länger sättigt als Zucker, lassen einen Light-Produkte oft hungriger zurück als die fetthaltigere Alternative. Zudem stecken in vielen Light-Produkten zahlreiche künstliche Zusatzstoffe und Süßstoffe. Letztere belasten zwar nicht das Kalorienkonto, können aber bei vielen Verbrauchern die Lust auf Süßes verstärken.

Vorsicht bei Brot und Brötchen

Schwarzbrot muss nicht unbedingt Vollkorn bedeuten. Viele Brote erhalten durch Zugabe von Malz und Zuckersirup ihre dunkle Farbe. Auch Brote mit vielen Körnern werden nicht zwangsläufig aus Vollkornmehl gebacken. Häufig verbergen sich hinter Brotnamen wie „Kraftkorn", „Fitness" oder „Mehrkorn" Weißmehle, die mit Körnern und Saaten gemischt bzw. bestreut wurden. „Vollkorn" darf sich ein Brot oder Brötchen nur nennen, wenn es zu 90 Prozent aus Roggen- und Weizenvollkornerzeugnissen zubereitet wird. Wenn Sie Brot abgepackt in Scheiben kaufen, werfen Sie einen Blick auf die Zutatenliste. Steht Vollkornmehl an erster Stelle, befindet sich reichlich davon im Produkt. Kaufen Sie Ihr Brot beim Bäcker, fragen Sie dort nach echtem Vollkornbrot. Übrigens: Ein Croissant liefert rund 20 Gramm Fett und rund 300 Kilokalorien, ein normales Weizenbrötchen nur 1 Gramm Fett und etwa 150 Kilokalorien.

Was Sie in diesem Buch erwartet

Sie haben sich für die leichte Küche entschieden, weil Sie sich bewusster ernähren und vielleicht auch ein paar Pfunde abnehmen möchten. Unsere leichten Rezepte enthalten einen höheren Anteil an Ballaststoffen und machen deshalb länger satt. Sie stecken voller gesunder komplexer Kohlenhydrate und essenzieller Fettsäuren, die der Körper benötigt, um optimal funktionieren zu können. Zucker, unnötig viel Fett und einfache Kohlenhydrate sind hingegen reduziert. Das Gute an den Rezepten: Sie fühlen sich danach fit und nicht müde wie nach anderen Mahlzeiten, die den Stoffwechsel über Gebühr belasten.
Im vorliegenden Buch finden Sie gesunde Rezeptideen für alle Hauptmahlzeiten sowie für Snacks und Desserts. Die Frühstücks-Rezepte liefern die nötige Energie, die Sie für den bevorstehenden Tag benötigen. Für mittags steht Ihnen eine Vielfalt von Rezepten zur Verfügung, die mit Gemüse, Eiweiß, Ballaststoffen und komplexen Kohlenhydraten lange satt machen. Abends darf es gern mit weniger Kohlenhydraten etwas leichter sein, damit der Körper über Nacht nicht belastet wird und Sie gut schlafen können. Daneben finden Sie viele Inspirationen für gesunde Snacks und leichte Dessertideen. Aber: Passen Sie Ihre Ernährung an Ihren Alltag und Ihre Vorlieben an. Sie möchten mittags lieber nur einen Snack oder eines der leichten Gerichte aus dem Abendessen-Kapitel zu sich nehmen und dafür abends ein Gericht mit Vollkornnudeln oder Kartoffeln genießen? Kein Problem! Abnehmen ist ein hoch individuelles Thema und was für den einen funktioniert, muss beim anderen nicht klappen. Der gesunde und leichte Genuss sollte kein enges Korsett sein, in dem Sie ersticken. Dann klappt es nicht mit dem Abnehmen und schon gar nicht mit dem Wohlfühlgewicht.
Zudem sollen Sie sich nicht alles verwehren, was vor der Ernährungsumstellung vielleicht regelmäßig auf dem Speiseplan stand. Wer kompletten Verzicht übt und schwört, nie wieder Schokolade, Torte oder Pommes zu sich zu nehmen, steigert so nur seine Gelüste und kann ungesunde Essattacken heraufbeschwören. Deshalb dürfen Sie sich zwischendurch auch mal etwas gönnen. Ein paar Stückchen Schokolade, eine Latte mit dicker Sahnehaube oder ein Stück Kuchen haben auch in einer gesunden Ernährung durchaus ihren Platz. Hier gilt wie so oft: Die Dosis macht das Gift. Wer sich grundsätzlich leicht und vollwertig ernährt, kann hin und wieder auch schlemmen. Viel Erfolg mit Ihrer Ernährungsumstellung!

Frühstück

Beeren-Smoothie-Bowl

Zutaten für 1 Portion

½ Banane

50 g Himbeeren

50 g Erdbeeren

100 ml Kokosmilch

1 TL Honig

außerdem:
Kokosraspel zum Garnieren, Minze zum Garnieren

Pro Portion: ca. 359 kcal, 4 g EW, 24 g F, 28 g KH
Zubereitung: ca. 10 Min.

1. Banane schälen und in Stücke schneiden. Himbeeren verlesen, vorsichtig waschen und trocken tupfen. Erdbeeren waschen, trocken tupfen und Stielansätze entfernen. Einige Beeren für die Garnitur beiseitelegen und Erdbeeren je nach Größe halbieren oder vierteln.

2. Minze waschen, trocken schütteln und Blättchen abzupfen. Restliche Beeren mit Banane, Kokosmilch und Honig mit dem Stabmixer pürieren. Smoothie in eine Schüssel gießen und mit beiseitegelegten Himbeeren und Erdbeeren garnieren. Mit Kokosraspeln und Minzeblättchen bestreuen und servieren.

Sie können auch 100 Gramm TK-Beeren verwenden, damit wird die Konsistenz besonders cremig. Bei der Garnitur sind der Fantasie keine Grenzen gesetzt: Samen, Nüsse, Schokoladenstückchen – erlaubt ist, was schmeckt!

Eiermuffins
mit Spinat und Feta

Zutaten für 6 Stück

200 g Blattspinat
(frisch oder TK-Produkt)

5 Eier

100 g Feta

außerdem:
Salz, frisch gemahlener Pfeffer, Fett für die Form

Pro Stück: ca. 124 kcal, 9 g EW, 9 g F, 1 g KH
Zubereitung: ca. 20 Min. + Backzeit ca. 25 Min.

1. Sechs Vertiefungen einer Muffinform mit Öl ausstreichen. Backofen auf 200 °C (Umluft 180 °C) vorheizen. Spinat in einem Sieb auftauen lassen, restliches Wasser gut ausdrücken. Frischen Spinat waschen und trocken schütteln. TK- oder frischen Spinat klein schneiden.

2. Eier in eine Schüssel aufschlagen und mit Salz und Pfeffer würzen. Eier gut verquirlen und Spinat unterrühren. Feta in kleine Würfel schneiden und zwei Drittel in die Eiermasse rühren. Masse in die gefetteten Vertiefungen der Muffinform füllen und jeweils ein paar Feta-Würfel darauflegen. Im vorgeheizten Backofen ca. 25 Minuten backen.

Nach Belieben klein gewürfelte Salami, Tomaten oder Kochschinken in die Eiermasse geben.

Apfel-Zimt-Porridge

Zutaten für 1 Portion

1 kleiner Apfel

1 TL Honig

etwas Zimt

50 g Haferflocken

200 ml Milch

außerdem:
Mandeln nach Belieben

Pro Portion: ca. 400 kcal, 14 g EW, 11 g F, 61 g KH
Zubereitung: ca. 20 Min.

1. Apfel waschen, vierteln, entkernen und bis auf ein Viertel in kleine Würfel schneiden. Restliches Viertel für die Garnitur in Scheiben schneiden. Honig in einem kleinen Topf erhitzen und Apfelwürfel kurz darin andünsten. Mit Zimt würzen.

2. Haferflocken und Milch zufügen und zum Kochen bringen. Bei schwacher Hitze köcheln, bis das Porridge eine sämige Konsistenz hat. Ab und zu umrühren. Porridge in eine Schüssel füllen und mit beiseitegelegten Apfelscheiben garnieren. Nach Belieben mit grob gehackten Mandeln bestreuen und servieren.

Frühlingsquark
auf Vollkornbrötchen

Zutaten für 2 Portionen

2 Vollkornbrötchen

¼ Bund Schnittlauch

150 g Magerquark

125 g Radieschen

außerdem:
Mineralwasser, Salz, frisch gemahlener Pfeffer

Pro Portion: ca. 189 kcal, 15 g EW, 1 g F, 32 g KH
Zubereitung: ca. 10 Min.

1. Vollkornbrötchen halbieren. Schnittlauch waschen, trocken schütteln und in Röllchen schneiden. Quark mit etwas Mineralwasser glatt rühren und einen Teil vom Schnittlauch unterrühren. Mit Salz und Pfeffer abschmecken. Radieschen putzen, waschen und in Scheiben schneiden.

2. Brötchenhälften mit Frühlingsquark bestreichen und mit restlichem Schnittlauch bestreuen. Mit Radieschen belegen und servieren.

Nach Belieben zusätzlich ein paar Cocktailtomaten dazu reichen.

Frühstücks-Smoothie

Zutaten für 1 Portion

1 Banane

100 g Erdbeeren

200 ml Milch

2 EL Haferflocken und einige Haferflocken zum Garnieren

1 TL Honig

Pro Portion: ca. 397 kcal, 12 g EW, 9 g F, 61 g KH
Zubereitung: ca. 10 Min.

1. Banane schälen und klein schneiden. Erdbeeren waschen, trocken tupfen und Stielansätze entfernen. Erdbeeren je nach Größe halbieren oder vierteln.

2. Banane und Erdbeeren mit Milch, Haferflocken, Honig und 100 Milliliter Wasser mit dem Stabmixer pürieren und so lange mixen, bis der Smoothie eine cremige Konsistenz hat. Frühstücks-Smoothie in ein Glas füllen und mit Haferflocken bestreut servieren.

Anstelle von Haferflocken können Sie auch 1 Esslöffel Chiasamen verwenden.

Pilz-Omelette
mit Kräutern

Zutaten für 2 Portionen

2 Schalotten

250 g Champignons

4 Eier

1 Bund gemischte Kräuter

außerdem:
Salz, frisch gemahlener Pfeffer, 1 EL Öl

Pro Portion: ca. 236 kcal, 17 g EW, 17 g F, 3 g KH
Zubereitung: ca. 20 Min.

1. Schalotten abziehen und fein hacken. Pilze putzen und in Scheiben schneiden. Eier aufschlagen und verquirlen. Mit Salz und Pfeffer würzen. Kräuter waschen, trocken schütteln, Blättchen abzupfen und klein schneiden.

2. Öl in einer Pfanne erhitzen, Schalotten und Pilze bei mittlerer Hitze andünsten. Eiermasse in die Pfanne gießen, mit Kräutern bestreuen und Omelette bei schwacher Hitze stocken lassen. Nach Belieben mit geröstetem Toastbrot oder Weißbrot servieren.

___ Wählen Sie die Kräuter ganz nach Ihrem Geschmack. Probieren Sie z. B. Basilikum, Schnittlauch, Petersilie, Thymian oder Bärlauch oder variieren Sie das Rezept mit klein geschnittener Rauke oder Spinat.

Vitaminreicher
Obstsalat

Zutaten für 4 Portionen

1 kleine Ananas

2 Orangen

250 g Erdbeeren

200 g Blaubeeren

2 EL Zitronensaft

Pro Portion: ca. 137 kcal, 2 g EW, 1 g F, 28 g KH
Zubereitung: ca. 15 Min.

1. Ananas putzen, schälen und vierteln. Strunk herausschneiden und Fruchtfleisch in mundgerechte Stücke schneiden. Orangen schälen und weiße Haut entfernen. Orangen filetieren und in Stücke schneiden. Erdbeeren waschen, Stielansätze entfernen und Erdbeeren je nach Größe halbieren oder vierteln. Blaubeeren waschen und vorsichtig trocken tupfen.

2. Ananas, Orangen, Erdbeeren und Blaubeeren in eine Schüssel geben, mit dem Zitronensaft vermengen und servieren.

Nach Belieben Obstsalat mit einem Klecks Naturjoghurt oder Quark servieren. Wer es etwas süßer mag, kann den Zitronensaft mit etwas Honig verrühren.

Herzhaftes

Frühstücks-Porridge

Zutaten für 2 Portionen

½ Avocado

400 ml Milch

100 g Haferflocken

2 Eier

außerdem:
Salz, frisch gemahlener Pfeffer, 1 Prise geriebener Muskat, 1 EL Öl, Basilikum zum Garnieren

Pro Portion: ca. 551 kcal, 21 g EW, 32 g F, 45 g KH
Zubereitung: ca. 30 Min.

1. Avocado schälen und in Scheiben schneiden. Milch zum Kochen bringen und Haferflocken einrühren, Mit etwas Salz, Pfeffer und Muskat abschmecken. Unter Rühren ein weiteres Mal aufkochen. Herd ausschalten und Porridge ca. 10 Minuten auf der Herdplatte quellen lassen, dabei ab und zu umrühren.

2. Öl in einer Pfanne erhitzen und Eier als Spiegeleier ausbraten. Mit Salz und Pfeffer würzen. Porridge in Schalen oder tiefen Tellern anrichten, Avocado und Spiegelei jeweils darauf anrichten. Nach Belieben mit gewaschenen und trocken geschüttelten Basilikumblättchen bestreut servieren.

Quarkfrühstück
mit Blaubeeren

Zutaten für 2 Portionen

500 g Magerquark

2 EL Honig

125 g Blaubeeren

4 EL Haferflocken

außerdem:
Mineralwasser

Pro Portion: ca. 272 kcal, 31 g EW, 2 g F, 30 g KH
Zubereitung: ca. 15 Min.

1. Quark mit etwas Mineralwasser zu einer cremigen Konsistenz verrühren und mit Honig süßen. Blaubeeren verlesen, waschen und trocken tupfen. Nach Belieben einige Blaubeeren für die Garnitur beiseitelegen. Restliche Blaubeeren mit einem Stabmixer pürieren.

2. Zwei Gläser jeweils zwei Drittel hoch mit Quark füllen, jeweils 1 Esslöffel Haferflocken daraufgeben. Blaubeermus darauf verteilen, restlichen Quark daraufschichten und mit den restlichen Haferflocken bestreuen. Nach Belieben mit Blaubeeren garniert servieren.

Das Quarkfrühstück schmeckt auch lecker mit anderen pürierten Früchten, z. B. Erdbeeren, Himbeeren, Pfirsichen oder Bananen.

Leichte

Ricotta-Pancakes

Zutaten für 4 Portionen

2 Eier

250 g Ricotta

125 ml Milch

1 EL Zucker

100 g Mehl

außerdem:
2 EL Öl

Pro Portion: ca. 290 kcal, 12 g EW, 15 g F, 27 g KH

Zubereitung: ca. 15 Min.

1. Eier trennen. Eigelbe mit Ricotta, Milch und Zucker verrühren. Mehl unterrühren, bis der Teig Blasen wirft. Eiweiße steif schlagen und vorsichtig unterheben.

2. Öl in einer Pfanne erhitzen und löffelweise Teig in die Pfanne geben. Pancakes ausbacken und nach Belieben mit Obst oder etwas Ahornsirup servieren.

Probieren Sie doch auch mal herzhafte Pancakes: Hierfür Teig mit Salz, Pfeffer und Paprikapulver würzen und den Zucker weglassen. Dazu schmeckt Schnittlauchquark.

Apfel-Erdnussbutter-Ringe

mit Blaubeeren

Zutaten für 2 Portionen

2 Äpfel

1 Handvoll Blaubeeren

80 g Erdnussbutter

Pro Portion: ca. 331 kcal, 13 g EW, 20 g F, 24 g KH

Zubereitung: ca. 10 Min.

1. Äpfel waschen und trocken reiben. Mit einem Ausstecher entkernen und Äpfel in ca. ½ Zentimeter dicke Ringe schneiden. Blaubeeren verlesen, waschen und vorsichtig trocken tupfen.

2. Apfelringe auf einen Teller legen, mit Erdnussbutter bestreichen und mit Blaubeeren belegen.

Das Rezept kann ganz nach Geschmack variiert werden. Sie können die Apfelringe z.B. auch mit Mandel- oder Cashewmus bestreichen. Anstelle von Blaubeeren können Sie auch ein paar Schokotropfen über die Apfelringe streuen.

Avocado-Brot
mit pochiertem Ei

Zutaten für 2 Portionen

2 Scheiben Roggenbrot

1 Avocado

Saft von ½ Limette

2 Eier

außerdem:
Salz, frisch gemahlener Pfeffer, 1 EL Weißweinessig, Chilipulver nach Belieben

Pro Portion: ca. 387 kcal, 12 g EW, 24 g F, 35 g KH
Zubereitung: ca. 15 Min.

1. Brot im Toaster rösten. Avocado rundherum bis zum Kern einschneiden, halbieren und entkernen. Fruchtfleisch mit einem Löffel entnehmen und mit einer Gabel zerdrücken. Mit Salz, Pfeffer und Limettensaft verrühren.

2. 1 Liter Wasser mit Essig zum Kochen bringen. Herdplatte ausstellen. Wasser mit einem Schneebesen umrühren, bis ein Wirbel entsteht. Eier einzeln in einer Kelle aufschlagen und nacheinander direkt in die Mitte des Strudels gleiten lassen. Ca. 3–5 Minuten ziehen lassen. Eier mit einem Schaumlöffel herausnehmen und auf Küchenpapier abtropfen lassen.

3. Brote mit Avocadomus bestreichen und pochierte Eier auf den Broten anrichten. Mit Salz, Pfeffer und nach Belieben Chilipulver bestreut servieren.

Das Avocado-Brot schmeckt auch mit Spiegeleiern oder Rührei.

Erdnussbutter-Bananen-Toast

Zutaten für 4 Portionen

4 Scheiben Toast

4 EL Erdnussbutter

2 Bananen

2 EL Erdnüsse

Pro Portion: ca. 238 kcal, 8 g EW, 11 g F, 24 g KH
Zubereitung: ca. 5 Min.

1. Toast im Toaster rösten. Jede Scheibe mit 1 Esslöffel Erdnussbutter bestreichen. Bananen schälen und in Scheiben schneiden. Jedes Brot mit einer halben Banane belegen und mit Erdnüssen bestreut servieren.

Alternativ können Sie die Toasts auch mit Cashew- oder Mandelmus bestreichen und mit gehackten Haselnüssen, Pistazien oder Kürbiskernen bestreuen. Auch Schokodrops oder Rosinen machen sich als Topping gut.

Leichte Sattmacher zum Lunch

Gefüllte Paprika
mit Hähnchen

Zutaten für 2 Portionen

100 g Reis

300 g Hähnchenbrustfilet

2 rote Paprikaschoten

50 g geriebener Käse

außerdem:
Salz, frisch gemahlener Pfeffer, 2 EL Öl, gehackte Petersilie zum Garnieren

Pro Portion: ca. 554 kcal, 48 g EW, 19 g F, 45 g KH
Zubereitung: ca. 30 Min. + Backzeit ca. 30 Min.

1. Reis nach Packungsangabe in kochendem Salzwasser gar kochen. Hähnchenbrustfilets waschen, trocken tupfen und klein schneiden. 1 Esslöffel Öl in einer Pfanne erhitzen und Hähnchen kräftig anbraten. Mit Salz und Pfeffer würzen und Reis unterrühren.

2. Backofen auf 200 °C (Umluft 180 °C) vorheizen. Auflaufform mit restlichem Öl ausstreichen. Paprika putzen, waschen, halbieren und entkernen. Paprikahälften mit Reis-Hähnchen-Masse füllen, in die gefettete Auflaufform setzen und mit Käse bestreuen. Gefüllte Paprika im vorgeheizten Backofen ca. 30 Minuten garen. Nach Belieben mit Petersilie bestreut servieren.

Couscous
mit Frühlingsgemüse

Zutaten für 4 Portionen

250 g Couscous

500 g grüner Spargel

150 g TK-Erbsen

1 Bund Radieschen

2 EL Zitronensaft

außerdem:
Salz, frisch gemahlener Pfeffer, 2 EL Öl, Schnittlauch zum Garnieren

Pro Portion: ca. 306 kcal, 12 g EW, 6 g F, 47 g KH
Zubereitung: ca. 20 Min.

1. Couscous mit 500 Milliliter kochendem Wasser übergießen und quellen lassen. Spargel waschen, im unteren Drittel schälen und holzige Enden abschneiden. Stangen schräg in Stücke schneiden und Spargelstücke in 1 Esslöffel Öl ca. 5 Minuten bei mittlerer Hitze anbraten.

2. Erbsen in kochendem Salzwasser ca. 5 Minuten blanchieren. Über einem Sieb abgießen. Radieschen putzen, waschen und in Scheiben schneiden. Zitronensaft mit restlichem Öl, etwas Salz und Pfeffer zu einem Dressing verrühren.

3. Schnittlauch waschen, trocken schütteln und klein schneiden. Couscous mit einer Gabel auflockern und mit dem Dressing vermischen. Spargel, Erbsen und Radieschen zugeben und noch einmal gründlich mischen. Mit Schnittlauchröllchen garniert servieren.

Zucchini-Bratlinge

Zutaten für 2 Portionen

250 g Zucchini

1 Zwiebel

4 EL Paniermehl

50 g frisch geriebener Parmesan

1 Ei

außerdem:
Salz, frisch gemahlener Pfeffer, 1 EL Öl

Pro Portion: ca. 293 kcal, 18 g EW, 14 g F, 24 g KH
Zubereitung: ca. 20 Min. + Ruhezeit ca. 30 Min.

1. Zucchini putzen, waschen und grob auf einer Gemüsereibe raspeln. Mit etwas Salz bestreuen und ca. 30 Minuten Wasser ruhen lassen. Zwiebel schälen und fein hacken und in etwas Öl einige Minuten anschwitzen.

2. Zucchiniraspel in einem sauberen Küchentuch gut ausdrücken. Mit Zwiebel, Paniermehl, Parmesan und Ei mischen und mit Salz und Pfeffer würzen. Aus der Masse Bratlinge formen. Öl in einer Pfanne erhitzen und Bratlinge von jeder Seite in ca. 3–4 Minuten knusprig braten.

Zucchini-Bratlinge mit einem Klecks saurer Sahne oder Schmand und mit Schnittlauchröllchen bestreut servieren.

Thunfisch-Wraps

Zutaten für 4 Portionen

200 g Salatgurke

150 g Kopfsalat

1 Dose Thunfisch im eigenen Saft

4 Weizentortillas

100 g Frischkäse

außerdem:
Salz, frisch gemahlener Pfeffer

Pro Portion: ca. 242 kcal, 17 g EW, 10 g F, 22 g KH

Zubereitung: ca. 15 Min.

1. Gurke waschen, putzen und in kleine Stücke schneiden. Salat waschen, trocken schütteln und Blätter etwas klein zupfen. Thunfisch abtropfen lassen und mit der Gabel zerpflücken. Wraps kurz in der Mikrowelle erwärmen.

2. Frischkäse mit Salz und Pfeffer würzen und Wraps damit bestreichen. Salat, Gurke und Thunfisch auf den Wraps verteilen und diese dann aufrollen. Dabei die Enden einschlagen und die Wraps fest zusammenrollen. Wraps halbieren und servieren.

Das Rezept kann nach Belieben variiert werden. Füllen Sie die Wraps auch mal mit klein geschnittenen Tomaten, Zwiebeln und Paprika oder bestreuen Sie sie mit Sonnenblumen- oder Kürbiskernen.

Vollkornpasta
mit Pilzen

Zutaten für 4 Portionen

300 g Vollkornnudeln (z. B. Spirelli)

2 Knoblauchzehen

250 g Champignons

200 g Cocktailtomaten

1 kleine Zucchini

außerdem:
Salz, frisch gemahlener Pfeffer, 2 EL Öl, Basilikum zum Garnieren

Pro Portion: ca. 328 kcal, 12 g EW, 6 g F, 42 g KH
Zubereitung: ca. 25 Min.

1. Nudeln in kochendem Salzwasser bissfest garen. Über einem Sieb abgießen und etwas Nudelwasser auffangen. Knoblauch schälen und fein hacken. Champignons putzen und halbieren oder vierteln. Tomaten waschen und halbieren. Zucchini waschen und in Stücke schneiden.

2. Öl in einer Pfanne erhitzen und Knoblauch, Zucchini und Pilze ca. 5 Minuten scharf anbraten. Nudeln und Tomaten zugeben, kurz anbraten und mit Nudelwasser ablöschen. Einköcheln lassen und mit Salz und Pfeffer abschmecken. Basilikum waschen, trocken schütteln und Blättchen abzupfen. Pasta auf Tellern anrichten und mit Basilikumblättchen bestreut servieren.

Ei-Gurken-Sandwich

Zutaten für 4 Portionen

100 g Salatgurke

4 Eier

8 Scheiben Vollkorntoast

4 TL Senf

½ Schälchen Kresse

außerdem:
Salz, frisch gemahlener Pfeffer, Paprikapulver nach Belieben, 2 EL Öl

Pro Portion: ca. 267 kcal, 12 g EW, 13 g F, 23 g KH

Zubereitung: ca. 15 Min.

1. Salatgurke waschen und in dünne Scheiben schneiden. Eier aufschlagen und gut verquirlen, mit Salz, Pfeffer und nach Belieben mit Paprikapulver würzen. Öl erhitzen und aus der Eiermasse Rührei braten.

2. Toast im Toaster rösten und die Hälfte mit je 1 Teelöffel Senf bestreichen. Mit Gurkenscheiben, Rührei und Kresse belegen und restliche Toastscheiben darauflegen. Sandwiches nach Belieben halbieren und servieren.

Süßkartoffeln
mit Hähnchenschenkel

Zutaten für 4 Portionen

8 Hähnchen-
unterschenkel

1 kg Süßkartoffeln

1 unbehandelte Orange

2 Knoblauchzehen

¼ Bund Rosmarin

außerdem:
Salz, frisch gemahlener Pfeffer, 1 TL Currypulver, 2 EL Öl

Pro Portion: ca. 392 kcal, 22 g EW, 10 g F, 53 g KH
Zubereitung: ca. 20 Min. + Backzeit ca. 45 Min.

1. Backofen auf 200 °C (Umluft 180 °C) vorheizen. 1 Esslöffel Öl mit Salz, Pfeffer und Curry verrühren. Hähnchenschenkel abspülen, trocken tupfen und mit Würzöl einreiben.

2. Süßkartoffeln schälen, waschen, grob würfeln. Mit 1 Esslöffel Öl, Salz und Pfeffer mischen. Orange gründlich waschen. Schale abreiben und unter die Süßkartoffeln mischen. Orange auspressen.

3. Knoblauch nicht schälen, nur leicht andrücken. Rosmarin waschen und trocken schütteln. Knoblauch, Rosmarin, Süßkartoffeln und Hähnchenschenkel in einer Auflaufform verteilen und Orangensaft zugießen. Ca. 45 Minuten im vorgeheizten Backofen garen.

Tortilla-Pizza
mit Pilzen

Zutaten für 4 Portionen

4 Weizentortillas

4 EL passierte Tomaten

2 EL Tomatenmark

200 g Champignons

75 g geriebener Käse

außerdem:
Salz, frisch gemahlener Pfeffer, gehackte Kräuter nach Belieben

Pro Portion: ca. 218 kcal, 11 g EW, 7 g F, 25 g KH
Zubereitung: ca. 10 Min. + Backzeit ca. 10 Min.

1. Backofen auf 200 °C (Umluft 180 °C) vorheizen. Tortillas auf ein mit Backpapier belegtes Backblech legen. Passierte Tomaten und Tomatenmark verrühren und mit Salz und Pfeffer abschmecken. Tortillas mit Tomatensoße bestreichen.

2. Champignons putzen, in Scheiben schneiden und Tortillas damit belegen. Tortilla-Pizzas gleichmäßig mit Käse bestreuen und im vorgeheizten Backofen ca. 10 Minuten backen. Nach Belieben mit gehackten Kräutern bestreut servieren.

Kartoffel-Blumenkohl-Curry

Zutaten für 2 Portionen

400 g Kartoffeln

250 g Blumenkohl

1 Stück Ingwer (ca. 2 cm)

2 TL Currypulver

250 ml Gemüsebrühe

außerdem:
Salz, frisch gemahlener Pfeffer, 1 EL Öl

Pro Portion: ca. 217 kcal, 7 g EW, 5 g F, 32 g KH
Zubereitung: ca. 40 Min.

1. Kartoffeln waschen, schälen und würfeln. Blumenkohl waschen, putzen und in Röschen teilen. Ingwer schälen und fein würfeln.

2. Öl erhitzen und Ingwer darin anschwitzen, aber nicht bräunen. Currypulver darüberstäuben und kurz mit anbraten. Kartoffeln und Blumenkohlröschen zugeben, Gemüsebrühe zugießen und zum Kochen bringen. Bei mittlerer Hitze ca. 20 Minuten offen köcheln lassen, ab und zu umrühren. Mit Salz und Pfeffer abschmecken und servieren.

Nach Belieben mit gehackter Petersilie oder gehacktem Koriander bestreut servieren.

Reissalat mit Bohnen

Zutaten für 2 Portionen

150 g Reis

2 rote Paprikaschoten

1 Dose Kidneybohnen

½ TL gemahlener Kreuzkümmel

außerdem:
Salz, frisch gemahlener Pfeffer, 4 EL Apfelessig, 2 EL Öl, gehackter Koriander zum Garnieren

Pro Portion: ca. 363 kcal, 13 g EW, 11 g F, 48 g KH

Zubereitung: ca. 30 Min.

1. Reis nach Packungsangabe in kochendem Salzwasser gar kochen und etwas abkühlen lassen. Paprikaschoten waschen, putzen und in kleine Würfel schneiden. Kidneybohnen in ein Sieb geben, mit kaltem Wasser abspülen und abtropfen lassen.

2. Reis, Paprika und Bohnen gut mischen. Essig mit Öl, Salz, Pfeffer und Kreuzkümmel verrühren und unter den Salat mischen. Salat etwas durchziehen lassen und mit gehacktem Koriander bestreut servieren.

Farfalle
mit Hähnchen

Zutaten für 2 Portionen

150 g Vollkorn-Farfalle

250 g Hähnchenbrustfilet

200 g Cocktailtomaten

100 g Tomatenmark

200 ml Gemüsebrühe

außerdem:
Salz, frisch gemahlener Pfeffer, 1 EL Öl, Basilikum zum Garnieren

Pro Portion: ca. 492 kcal, 42 g EW, 7 g F, 62 g KH
Zubereitung: ca. 30 Min.

1. Farfalle in kochendem Salzwasser nach Packungsangabe bissfest garen, über einem Sieb abgießen und abtropfen lassen. Hähnchenbrustfilet abspülen und trocken tupfen. Fleisch in Würfel oder Streifen schneiden. Tomaten waschen und halbieren.

2. Öl erhitzen und Hähnchenbrust darin von allen Seiten anbraten. Tomaten zugeben und mitbraten. Tomatenmark einrühren und leicht einköcheln lassen. Gemüsebrühe zugießen und Hähnchenpfanne einige Minuten köcheln lassen. Mit Salz und Pfeffer abschmecken. Nudeln unterrühren und kurz miterwärmen.

3. Basilikum waschen, trocken schütteln und Blättchen abzupfen. Farfalle mit Hähnchen auf Tellern anrichten und mit Basilikumblättchen bestreut servieren.

Rindfleisch-Kartoffel-Eintopf

Zutaten für 4 Portionen

800 g Kartoffeln

4 Möhren

2 Zwiebeln

500 g Rindergulasch

300 ml Gemüsebrühe

außerdem:
Salz, frisch gemahlener Pfeffer, Paprikapulver, 2 EL Öl

Pro Portion: ca. 373 kcal, 32 g EW, 10 g F, 36 g KH
Zubereitung: ca. 50 Min.

1. Kartoffeln waschen, schälen und in mundgerechte Würfel schneiden. Möhren waschen, putzen und in kleine Stücke schneiden. Zwiebeln schälen und grob würfeln. Rindergulasch gegebenenfalls etwas kleiner schneiden.

2. Öl erhitzen und Fleisch darin von allen Seiten kräftig anbraten. Kartoffeln, Möhren und Zwiebeln zufügen, mischen und weitere ca. 5 Minuten anbraten. Brühe zugießen und mit Salz, Pfeffer und Paprikapulver würzen. Aufkochen lassen und ca. 30 Minuten bei mittlerer Hitze köcheln lassen. Vor dem Servieren noch einmal abschmecken.

Anstelle von Rindfleisch können Sie auch Hähnchenbrustfilet nehmen. Die Garzeit verringert sich auf ca. 15–20 Minuten. Dann nicht mit Paprikapulver, sondern mit Currypulver oder Kurkuma würzen.

Risotto
mit Erbsen und Pilzen

Zutaten für 4 Portionen

250 g Champignons

200 g Risottoreis

250 g TK-Erbsen

750 ml Gemüsebrühe

100 g frisch geriebener Parmesan

außerdem:
Salz, frisch gemahlener Pfeffer, 2 EL Öl

Pro Portion: ca. 354 kcal, 18 g EW, 12 g F, 41 g KH
Zubereitung: ca. 30 Min.

1. Champignons putzen und in Scheiben schneiden. Öl erhitzen und Reis darin anbraten, bis die Körner glasig sind. Pilze und angetaute Erbsen zufügen und kurz mitbraten.

2. Etwas Brühe angießen und nach und nach restliche Brühe zum Reis geben, bis die Flüssigkeit jeweils aufgesogen ist. Dabei immer wieder gut umrühren. Risotto mit Salz und Pfeffer abschmecken und bis auf 1 Esslöffel Parmesan unterrühren. Risotto mit Parmesan bestreut anrichten.

Mediterraner
Nudelsalat

Zutaten für 2 Portionen

150 g Vollkornnudeln (z. B. Penne)

1 rote Paprikaschote

100 g Feta

2 EL grünes Pesto

1 Bund Rauke

außerdem:
Salz, frisch gemahlener Pfeffer, 1 EL Öl

Pro Portion: ca. 536 kcal, 21 g EW, 24 g F, 55 g KH
Zubereitung: ca. 30 Min.

1. Nudeln in kochendem Salzwasser nach Packungsangabe bissfest garen und in ein Sieb abgießen. Abtropfen lassen. Paprika waschen, putzen und klein schneiden. Öl erhitzen und Paprika darin einige Minuten anbraten, mit Salz und Pfeffer würzen.

2. Feta in Würfel schneiden. Nudeln, Paprika und Feta in eine Schüssel geben und mit Pesto vermischen. Rauke putzen, waschen und trocken schleudern. Kurz vor dem Servieren unter den Nudelsalat mischen.

Leichte Ideen fürs Abendessen

Lachsfilet
auf Spinat

Zutaten für 4 Portionen

600 g Blattspinat

1 Knoblauchzehe

1 EL Sesamsamen

1 unbehandelte Zitrone

4 Lachsfilets

außerdem:
Salz, frisch gemahlener Pfeffer, 2 EL Öl

Pro Portion: ca. 280 kcal, 31 g EW, 19 g F, 2 g KH
Zubereitung: ca. 25 Min.

1. Spinat waschen und trocken schütteln. Knoblauch schälen und fein hacken. Sesamsamen ohne Fett leicht anrösten und beiseitestellen. Zitrone gründlich waschen und halbieren. Eine Hälfte in Scheiben schneiden, die andere Hälfte auspressen. Lachsfilets unter fließend kaltem Wasser abspülen, trocken tupfen und mit Zitronensaft beträufeln.

2. 1 Esslöffel Öl in einem Topf erhitzen und Spinat und Knoblauch darin ca. 5 Minuten bei mittlerer Hitze andünsten. Mit Salz und Pfeffer abschmecken. Restliches Öl in einer Pfanne erhitzen und Lachsfilets bei mittlerer Hitze knusprig braten. Mit Salz und Pfeffer würzen.

3. Spinat auf Tellern anrichten und mit Sesam bestreuen. Lachsfilet darauf anrichten, mit Zitronenscheiben garnieren und servieren.

Grüne Hähnchen-Bowl

Zutaten für 4 Portionen

500 g grüner Spargel

2 unbehandelte Limetten

2 Avocados

4 Hähnchenbrustfilets

außerdem:
Salz, frisch gemahlener Pfeffer, 2 EL Öl, gehackte Kräuter nach Belieben

Pro Portion: ca. 390 kcal, 34 g EW, 24 g F, 14 g KH
Zubereitung: ca. 30 Min.

1. Spargel waschen, unteres Drittel schälen und holzige Enden abschneiden. 1 Limette in Spalten schneiden, die andere auspressen. Avocados rundherum bis zum Kern einschneiden, halbieren und entkernen. Avocados schälen und in Spalten schneiden. Hähnchenbrustfilets abspülen, trocken tupfen und mit Salz und Pfeffer würzen.

2. 1 Esslöffel Öl in einer Grillpfanne erhitzen und Spargelstangen und Avocadospalten auf mittlerer Hitze ca. 5 Minuten anbraten. Mit Salz würzen, herausnehmen und mit Limettensaft beträufeln. Restliches Öl in der Grillpfanne erhitzen und Hähnchenbrustfilets anbraten. Deckel auf die Pfanne legen und Filets bei schwacher Hitze weitere ca. 10 Minuten gar ziehen lassen. Herausnehmen und in Streifen schneiden.

3. Hähnchen, Spargel und Avocados mit Limettenscheiben in einer Schüssel anrichten. Nach Belieben mit gehackten Kräutern bestreuen und servieren.

Linsensalat
mit Spinat

Zutaten für 4 Portionen

300 g Linsen

300 g Blattspinat

200 g Cocktailtomaten

1 rote Zwiebel

außerdem:
Salz, frisch gemahlener Pfeffer, 2 EL Öl,
4 EL Apfelessig

Pro Portion: ca. 298 kcal, 21 g EW, 6 g F, 40 g KH
Zubereitung: ca. 25 Min.

1. Linsen in kochendem Salzwasser in ca. 15 Minuten garen. Über ein Sieb abgießen und abtropfen lassen. Spinat waschen und trocken schütteln. Cocktailtomaten waschen und halbieren. Zwiebel schälen und in feine Ringe schneiden.

2. Linsen, Spinat, Tomaten und Zwiebel in einer Schüssel mischen. Aus Öl, Essig, Salz und Pfeffer ein Dressing anrühren, über den Salat geben und gut mit den Zutaten mischen. Kurz durchziehen lassen, auf Tellern anrichten und servieren.

Brokkolicremesuppe

Zutaten für 2 Portionen

500 g Brokkoli

700 ml Gemüsebrühe

50 ml fettarme Milch

2 EL Sahne

außerdem:
Salz, frisch gemahlener Pfeffer,
frisch geriebener Muskat, 1 EL Öl,
etwas Sesam zum Garnieren

Pro Portion: ca. 183 kcal, 12 g EW, 12 g F, 10 g KH
Zubereitung: ca. 5 Min.

1. Brokkoli putzen, waschen und grob zerschneiden. Einige Brokkoliröschen für die Garnitur beiseitelegen. Öl erhitzen und Brokkoli darin ca. 3–4 Minuten anbraten. Brühe zugießen und zum Kochen bringen. Zugedeckt ca. 15 Minuten köcheln lassen.

2. Milch und Sahne zugeben, aufkochen lassen und alles fein pürieren. Mit Salz, Pfeffer und Muskat abschmecken. Suppe in Schüsseln füllen und mit Brokkoliröschen und Sesam garniert servieren.

Hähncheneintopf
mit Gemüse

Zutaten für 2 Portionen

300 g Hähnchenbrustfilet

750 ml Gemüsebrühe

250 g Brokkoli

2 Möhren

200 g Kartoffeln

außerdem:
Salz, frisch gemahlener Pfeffer, gehackte Petersilie zum Garnieren

Pro Portion: ca. 300 kcal, 44 g EW, 3 g F, 25 g KH
Zubereitung: ca. 1 Std. 15 Min.

1. Hähnchenbrustfilet abspülen und trocken tupfen. Brühe zum Kochen bringen und Hähnchen bei mittlerer Hitze in ca. 45 Minuten gar köcheln lassen. Herausnehmen, leicht abkühlen lassen und in mundgerechte Stücke schneiden. Brühe durch ein feines Sieb in einen sauberen Topf gießen.

2. Brokkoli putzen, waschen und in kleine Röschen schneiden. Möhren waschen, putzen, schälen und in Scheiben schneiden. Kartoffeln waschen, schälen und würfeln. Gemüse in die Brühe geben. Aufkochen lassen und ca. 15 Minuten bei mittlerer Hitze gar köcheln.

3. Hähnchen in den Eintopf geben und kurz darin erwärmen. Suppe mit Salz und Pfeffer abschmecken und mit Petersilie bestreut anrichten.

Quinoa-Salat
mit Garnelen

Zutaten für 4 Portionen

250 g Quinoa

500 ml Gemüsebrühe

2 Avocados

2 Grapefruits

500 g küchenfertige Garnelen

außerdem:
Salz, frisch gemahlener Pfeffer, 3 EL Öl, gehackter Koriander zum Garnieren

Pro Portion: ca. 573 kcal, 25 g EW, 27 g F, 60 g KH
Zubereitung: ca. 25 Min.

1. Quinoa gründlich waschen. Gemüsebrühe zum Kochen bringen und Quinoa darin in ca. 15 Minuten garen, bis die Brühe verkocht ist. Avocados rundherum bis zum Kern einschneiden, halbieren und entkernen. Avocados schälen und in kleine Stücke schneiden. Grapefruits halbieren und Fruchtfilets herausschneiden, austretenden Saft dabei auffangen. Saft mit 2 Esslöffeln Öl, Salz und Pfeffer zu einem Dressing verrühren.

2. Restliches Öl erhitzen und Garnelen bei hoher Temperatur 2–3 Minuten scharf braten. Mit Salz und Pfeffer abschmecken. Quinoa mit Avocados, Grapefruit und Garnelen mischen und mit dem Dressing beträufeln. Mit Koriander bestreut servieren.

Nach Belieben eine rote Zwiebel fein würfeln und in den Salat geben.

Curry-Linsen-Suppe

Zutaten für 4 Portionen

2–3 Möhren

2 TL Currypulver

200 g Linsen

750 ml Gemüsebrühe

außerdem:
Salz, frisch gemahlener Pfeffer, 2 EL Öl,
Koriander zum Garnieren

Pro Portion: ca. 202 kcal, 13 g EW, 6 g F, 25 g KH
Zubereitung: ca. 25 Min.

1. Möhren waschen, putzen, schälen und fein würfeln. erhitzen und Möhrenwürfel darin ca. 2–3 Minuten anbraten. Currypulver darüberstäuben und ca. 1 Minute mitbraten.

2. Linsen und Gemüsebrühe zugeben, aufkochen lassen und weitere ca. 15 Minuten köcheln lassen. Mit Salz und Pfeffer abschmecken. Koriander waschen, trocken schütteln und Blättchen abzupfen. Curry-Linsen-Suppe mit Korianderblättchen bestreut servieren.

Spinat-Frittata

Zutaten für 2 Portionen

100 g Blattspinat

4 Eier

3 EL saure Sahne

100 g körniger Frischkäse

50 g geriebener Käse

außerdem:
Salz, frisch gemahlener Pfeffer, Kreuzkümmel, 1 EL Öl

Pro Portion: ca. 358 kcal, 29 g EW, 25 g F, 5 g KH

Zubereitung: ca. 20 Min. + Backzeit ca. 15 Min.

1. Spinat waschen und trocken schütteln. Blätter kleiner hacken. Eier aufschlagen und mit saurer Sahne verrühren. Frischkäse unterrühren und mit Salz, Pfeffer und Kreuzkümmel würzen. Spinat unterheben. Backofen auf 180 °C (Umluft 160 °C) vorheizen.

2. Öl in einer ofenfesten Pfanne erhitzen, Eiermasse hineingeben und bei mittlerer Hitze stocken lassen. Geriebenen Käse darauf verteilen und Frittata im vorgeheizten Backofen in ca. 15 Minuten fertig garen. Frittata in Stücke schneiden und heiß servieren.

Kichererbsen-Salat

Zutaten für 2 Portionen

1 Dose Kichererbsen

1 Knoblauchzehe

½ Bund Basilikum

1 Zitrone

2 EL frisch geriebener Parmesan

außerdem:
Salz, frisch gemahlener Pfeffer

Pro Portion: ca. 215 kcal, 14 g EW, 7 g F, 20 g KH
Zubereitung: ca. 10 Min.

1. Kichererbsen in ein Sieb geben, mit kaltem Wasser abspülen und gut abtropfen lassen. Knoblauch schälen und fein hacken. Basilikum waschen, trocken schütteln, Blätter abzupfen und fein hacken. Zitrone halbieren und Saft auspressen.

2. Kichererbsen mit Knoblauch, Basilikum und Zitronensaft mischen. Mit Salz und Pfeffer abschmecken. Salat auf Tellern anrichten und mit geriebenem Parmesan bestreut servieren.

Asiatisches

Rindersüppchen

Zutaten für 4 Portionen

300 g Rinderbrust

2 TL Fünf-Gewürze-Pulver

200 g Reisnudeln

1 Bund Frühlingszwiebeln

100 g Sojasprossen

außerdem:
Salz, Sojasoße,
gehackter Koriander
zum Garnieren

Pro Portion: ca. 363 kcal, 22 g EW, 12 g F, 40 g KH
Zubereitung: ca. 2 Std. 15 Min.

1. Fleisch trocken tupfen und mit 2 Litern Wasser und Fünf-Gewürze-Pulver zum Kochen bringen. Bei schwacher Hitze mit Deckel ca. 2 Stunden sanft sieden lassen. Fleisch herausnehmen, abkühlen lassen und in feine Streifen schneiden.

2. Nudeln nach Packungsangabe in kochendem Salzwasser bissfest garen. Frühlingszwiebeln putzen, waschen und mit dem Grün fein hacken. Sojasprossen waschen und trocken schütteln.

3. Etwa 1 Liter vom Fleischsud in einen sauberen Topf gießen und Frühlingszwiebeln und Sojasprossen darin etwas ziehen lassen, mit Sojasoße abschmecken. Fleisch und Nudeln in Suppenschalen anrichten, die Suppe vorsichtig darübergießen und mit Koriander bestreut servieren.

Fitness-Salat

Zutaten für 4 Portionen

350 g Hähnchenbrustfilet

125 g Cocktailtomaten

200 g Salatgurke

400 g Salatmischung

außerdem:
Salz, frisch gemahlener Pfeffer,
Currypulver, 4 EL Öl, 4 EL Weißweinessig

Pro Portion: ca. 192 kcal, 22 g EW, 10 g F, 2 g KH
Zubereitung: ca. 25 Min.

1. Hähnchenbrustfilet abspülen, trocken tupfen und in mundgerechte Stücke schneiden. Mit Salz, Pfeffer und Currypulver würzen. 2 Esslöffel Öl erhitzen und Hähnchen unter Wenden ca. 6–8 Minuten anbraten. Vom Herd nehmen.

2. Cocktailtomaten waschen und halbieren, Gurke waschen und in kleine Stücke schneiden. Salatmischung waschen und gut trocken schütteln. Salat, Tomaten und Gurke auf Tellern anrichten, Hähnchenstücke darauf verteilen. Aus Essig, restlichem Öl, Salz und Pfeffer ein Dressing anrühren und über den Salat träufeln.

Der Salat schmeckt auch mit gebratenen Putenfiletstreifen, Thunfisch aus der Dose oder hart gekochten Eiern.

Seelachs
auf Paprikagemüse

Zutaten für 2 Portionen

2 Seelachsfilets

1 Zwiebel

1 grüne Paprikaschote

1 gelbe Paprikaschote

1 rote Paprikaschote

außerdem:
Salz, frisch gemahlener Pfeffer, Currypulver, 3 EL Öl, gehackte Petersilie zum Garnieren

Pro Portion: ca. 282 kcal, 25 g EW, 14 g F, 12 g KH
Zubereitung: ca. 25 Min.

1. Seelachsfilets abspülen und trocken tupfen. Mit Salz, Pfeffer und Currypulver würzen. Zwiebel schälen und fein hacken.

2. Paprikaschoten waschen, putzen und in Würfel schneiden. 1 Esslöffel Öl erhitzen und Zwiebel darin glasig dünsten. Paprikawürfel zugeben und unter gelegentlichem Rühren 3 Minuten mit anbraten. Mit Salz und Pfeffer abschmecken. 2 Esslöffel Wasser zugeben und Gemüse bei schwacher Hitze zugedeckt ca. 10 Minuten sanft köcheln lassen.

3. Restliches Öl in einer weiteren Pfanne erhitzen, Seelachs darin auf beiden Seiten ca. 2–3 Minuten braten. Paprikagemüse auf Tellern anrichten, Seelachs daraufsetzen und mit Petersilie bestreut servieren.

Rind-Brokkoli-Pfanne

Zutaten für 4 Portionen

200 g Champignons

2 Knoblauchzehen

500 g Brokkoli

6 EL Sojasoße

600 g mageres Rinder-geschnetzeltes

außerdem:
Salz, frisch gemahlener Pfeffer, 2 EL Öl, 1 TL Speisestärke, 1 EL Sesam zum Bestreuen

Pro Portion: ca. 296 kcal, 41 g EW, 10 g F, 8 g KH
Zubereitung: ca. 20 Min.

1. Champignons putzen und je nach Größe halbieren oder vierteln. Knoblauch schälen und fein hacken. Brokkoli putzen, waschen und Röschen in mundgerechte Stücke schneiden.

2. Knoblauch mit 3 Esslöffeln Sojasoße verrühren und mit Rindfleisch und Pilzen vermischen. Öl in einer Pfanne oder einem Wok erhitzen, Rindfleisch und Pilze mit der Marinade hineingeben und ca. 3 Minuten unter Rühren scharf anbraten. Brokkoli zufügen und unter Rühren bissfest garen.

3. Restliche Sojasoße mit etwas Wasser und Speisestärke verrühren. Zur Rind-Brokkoli-Pfanne geben und aufkochen lassen. Mit Sesam bestreut servieren.

Süßkartoffel-Kürbis-Suppe

Zutaten für 2 Portionen

300 g Butternusskürbis

250 g Süßkartoffeln

1 Zwiebel

1 Stück Ingwer (ca. 2 cm)

500 ml Gemüsebrühe

außerdem:
Salz, frisch gemahlener Pfeffer, Currypulver, 1 Prise Zimt, 1 EL Öl

Pro Portion: ca. 216 kcal, 4 g EW, 5 g F, 39 g KH
Zubereitung: ca. 30 Min.

1. Kürbis schälen, entkernen und in Würfel scheiden. Süßkartoffeln schälen und ebenfalls würfeln. Zwiebel und Ingwer schälen und fein hacken.

2. Öl erhitzen und Zwiebel darin anschwitzen. Kürbis- und Süßkartoffelstücke zufügen, kurz mit andünsten. Gemüsebrühe zugießen und aufkochen lassen. Zugedeckt 15 Minuten köcheln lassen, bis das Gemüse weich ist. Kurz vor Ende der Garzeit Ingwer einrühren. Suppe pürieren und mit Salz, Pfeffer, Currypulver und Zimt abschmecken. Heiß servieren.

— Nach Belieben können Sie die Süßkartoffel-Kürbis-Suppe mit je einem Klecks Schmand und Sprossen bestreut servieren.

Snacks für zwischendurch

Blumenkohl-Happen

Zutaten für 4 Portionen

600 g Blumenkohl

20 g Vollkornmehl

2 TL geräuchertes Paprikapulver

1 TL Knoblauchpulver

½ TL Kurkuma

außerdem:
Salz, frisch gemahlener Pfeffer, 3 EL Öl

Pro Portion: ca. 119 kcal, 4 g EW, 7 g F, 7 g KH
Zubereitung: ca. 10 Min. + Backzeit ca. 20 Min.

1. Backofen auf 180 °C (Umluft 160 °C) vorheizen. Blumenkohl waschen, putzen und in Röschen teilen. Mehl, Öl, Salz, Pfeffer, Paprikapulver, Knoblauchpulver und Kurkuma miteinander vermengen. Falls nötig, etwas Wasser zugießen, damit ein dickflüssiger Teig entsteht. Mehl-Würz-Mischung zum Blumenkohl geben und alles gründlich vermischen.

2. Blumenkohlröschen auf ein mit Backpapier belegtes Backblech legen und gut verteilen. Im vorgeheizten Backofen ca. 20 Minuten backen, bis die Röschen die gewünschte Bräune haben.

— Dazu einen Dip aus Naturjoghurt und Knoblauch reichen.

Rote-Bete-Cracker

Zutaten für ca. 25 Stück

200 g Vollkornmehl und etwas Mehl zum Arbeiten

50 g Sesam

1 EL fein geriebener Meerrettich

125 ml Rote-Bete-Saft

außerdem:
1 TL Salz, 1 TL Backpulver, 1 EL Öl

Pro Stück: ca. 43 kcal, 1 g EW, 1 g F, 5 g KH
Zubereitung: ca. 15 Min. + Backzeit ca. 18 Min.

1. Backofen auf 180 °C (Umluft 160 °C) vorheizen. Mehl, Sesam und Meerrettich mit Backpulver und Salz vermischen. Mit Rote-Bete-Saft und Öl zu einem weichen, glatten Teig verkneten.

2. Teig auf leicht bemehlter Arbeitsfläche dünn zu einem Rechteck ausrollen. In Stücke schneiden und diese auf ein mit Backpapier belegtes Backblech legen. Rote-Bete-Cracker ca. 15–18 Minuten im vorgeheizten Backofen backen. Auf dem Blech etwas abkühlen lassen, dann auf einem Gitterrost vollständig auskühlen lassen.

Die Cracker schmecken sehr gut mit einem Feta-Aufstrich aus zerdrücktem Feta, Frischkäse, einer fein gehackten Knoblauchzehe und Paprikapulver. Wenn Sie keinen frischen Meerrettich zur Hand haben, können Sie stattdessen Meerrettich aus dem Glas nehmen.

Gurken-Röllchen

Zutaten für ca. 12 Stück

1 Salatgurke

150 g Frischkäse

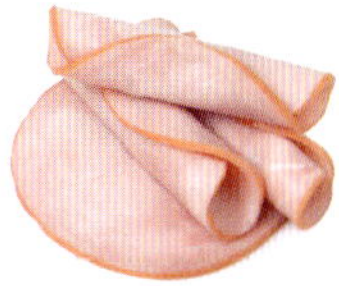

150 g Kochschinken (in dünnen Scheiben)

ca. 12 schwarze Oliven

außerdem:
Salz, frisch gemahlener Pfeffer

Pro Stück: ca. 59 kcal, 3 g EW, 5 g F, 1 g KH
Zubereitung: ca. 15 Min.

1. Salatgurke waschen und Enden abschneiden. Gurke längs mit einem Gemüsehobel in dünne Scheiben schneiden. Scheiben auf Küchenpapier ausbreiten. Frischkäse glatt rühren und mit Salz und Pfeffer würzen.

2. Gurkenscheiben mit Frischkäse bestreichen, Schinken in Streifen schneiden und darauflegen. Jeweils eine Olive auf den Schinken legen. Gurkenscheiben vorsichtig aufrollen und mit einem Zahnstocher fixieren.

Edamame-Dip

Zutaten für 4 Portionen

300 g Edamame (TK-Produkt)

1 Knoblauchzehe

1 Zitrone

2 EL Tahin

2–3 EL Naturjoghurt

außerdem:
Salz, gemahlener Kreuzkümmel, 2 EL Öl

Pro Portion: ca. 181 kcal, 10 g EW, 11 g F, 9 g KH
Zubereitung: ca. 10 Min.

1. Edamame-Bohnen in kochendem Salzwasser ca. 5 Minuten köcheln lassen. Über ein Sieb abgießen, kalt abspülen und abtropfen lassen. Knoblauch schälen und fein hacken. Zitrone halbieren und Saft ausdrücken.

2. Bohnen, Knoblauch, Tahin, etwas Kreuzkümmel, Salz, Zitronensaft und Öl zu einem cremigen Dip pürieren. Noch einmal mit Salz und Kreuzkümmel abschmecken.

Der Dip eignet sich wunderbar zum Dippen von Gemüsesticks oder Crackern. Der Dip schmeckt, zusätzlich mit Radieschenscheiben belegt, auch sehr gut auf Roggen- oder Schwarzbrot.

Energieriegel
ohne Backen

Zutaten für ca. 6 Stück

50 g Haferflocken

3 EL gepuffter Amaranth

100 g Mandelmus

2 EL Ahornsirup

Pro Stück: ca. 181 kcal, 6 g EW, 10 g F, 14 g KH
Zubereitung: ca. 15 Min. + Kühlzeit ca. 30 Min.

1. Haferflocken und Amaranth mischen. Mandelmus mit Ahornsirup im Wasserbad erwärmen, bis beides eine flüssige Konsistenz hat. Über die Haferflockenmischung gießen und die Zutaten zügig miteinander vermengen.

2. Masse auf ein mit Backpapier belegtes kleines Blech streichen und zu einem Rechteck oder Quadrat formen. Ca. 30 Minuten ins Tiefkühlfach stellen, dann in 6 Stücke schneiden.

Nach Belieben einige gehackte Nüsse oder Rosinen unterarbeiten und die Riegelmasse mit etwas Zimtpulver aromatisieren.

Knoblauch-Käse-Popcorn

Zutaten für 4 Portionen

1 Knoblauchzehe

2 TL getrockneter Oregano

50 g Popcorn-Mais

40 g geriebener Käse

außerdem:
Salz, frisch gemahlener Pfeffer, 2 EL Öl

Pro Portion: ca. 120 kcal, 4 g EW, 8 g F, 8 g KH
Zubereitung: ca. 10 Min. + Ziehzeit ca. 15 Min.

1. Knoblauch schälen und andrücken. 1 Esslöffel Öl erhitzen, Knoblauch und Oregano zugeben und ca. 15 Minuten ziehen lassen.

2. Restliches Öl auf mittlerer Hitze in einem tiefen Topf erhitzen. Maiskörner zugeben und auf dem Topfboden verteilen. Deckel fest auf den Topf legen. Warten, bis die erste Körner aufplatzen und ab dann den Topf regelmäßig schütteln. Nach ca. 3 Minuten Topf von der Herdplatte nehmen und die restlichen Körner aufplatzen lassen. Etwas abkühlen lassen.

3. Knoblauch-Oregano-Öl über das Popcorn träufeln und mit Salz und Pfeffer würzen. Mit Käse bestreuen und sofort servieren.

Beef Jerky

Zutaten für 4 Portionen

1 Knoblauchzehe

4 dünne Rinderrouladen

75 ml Sojasoße

25 ml Worcestersoße

1 EL Barbecuesoße

außerdem:
Salz, frisch gemahlener Pfeffer

Pro Portion: ca. 204 kcal, 32 g EW, 4 g F, 5 g KH

Zubereitung: ca. 15 Min. + Marinierzeit ca. 12 Std. + Trockenzeit ca. 6 Std.

1. Knoblauch schälen und fein hacken. Rouladen ausbreiten und erst in etwa 3 Zentimeter breite Streifen, dann in kleinere Stücke schneiden. Für die Marinade Sojasoße, Worcestersoße, Barbecuesoße und Knoblauch miteinander verrühren und Fleisch über Nacht darin einlegen.

2. Am nächsten Tag Backofen auf 50 °C (Umluft) einstellen. Ein Backblech unten in den Backofen schieben oder den Boden mit Alufolie auslegen. Fleisch aus der Marinade nehmen und trocken tupfen. Fleischstreifen auf den Backofenrost legen und in den Ofen schieben, Backofentür leicht geöffnet lassen. Fleisch im Backofen ca. 5–6 Stunden trocknen lassen, nach 5 Stunden schon einmal prüfen.

3. Beef Jerky vollständig auskühlen lassen und sofort snacken oder in ein verschließbares Gefäß legen. Kühl gelagert, hält es sich einige Wochen frisch.

Spargel-Pommes

Zutaten für 4 Portionen

50 g Paniermehl

50 g geriebener Parmesan

500 g grüner Spargel

2 Eier

60 g Vollkornmehl

außerdem:
Salz, frisch gemahlener Pfeffer

Pro Portion: ca. 200 kcal, 14 g EW, 6 g F, 21 g KH
Zubereitung: ca. 15 Min. + Backzeit ca. 15 Min.

1. Backofen auf 220 °C (Umluft 200 °C) vorheizen. Paniermehl und Parmesan auf einen Teller geben und gründlich mischen. Spargel waschen, im unteren Drittel schälen und holzige Enden abschneiden.

2. Eier in einem tiefen Teller verquirlen und mit Salz und Pfeffer würzen. Vollkornmehl in einen zweiten tiefen Teller geben.

3. Spargelstangen nach und nach zuerst im Mehl wenden, dann durch die Eiermasse ziehen und zum Schluss in der Paniermehl-Parmesan-Panade wenden. Spargel auf ein mit Backpapier belegtes Backblech legen und im vorgeheizten Backofen ca. 15 Minuten backen.

Spargel-Pommes mit einem Dip servieren. Sehr gut schmeckt ein Quark-Dip mit Dill oder Bärlauch.

Schoko-Dattel-Bällchen

Zutaten für ca. 15 Stück

8 Medjool-Datteln

50 g gehackte Mandeln

70 g Sonnenblumenkerne

45 g Kakaopulver

Pro Stück: ca. 62 kcal, 2 g EW, 4 g F, 5 g KH
Zubereitung: ca. 10 Min. + Kühlzeit ca. 30 Min.

1. Datteln entsteinen und klein schneiden. Mit Mandeln und Sonnenblumenkernen in eine Küchenmaschine oder einen Mixer geben und pürieren. Kakaopulver mit 2 Esslöffeln Wasser verrühren und zugeben. Alles weiter mixen, bis sich ein Teig formt. Aus dem Teig mit den Händen kleine Bällchen formen.

2. Bällchen auf ein mit Backpapier belegtes Backblech legen und ca. 30 Minuten in den Kühlschrank kühl stellen. Sofort genießen oder bis zum Verzehr im Kühlschrank aufbewahren.

Sie können die Masse zusätzlich mit Gewürzen verfeinern, wie z. B. Zimt, Vanille, Kardamom, Zitronenschale oder Chilipulver.

Geröstete Kichererbsen

Zutaten für 4 Portionen

1 Dose Kichererbsen

1 TL Knoblauchpulver

½ TL geräuchertes Paprikapulver

½ TL Currypulver

außerdem:
Salz, 2 EL Öl

Pro Portion: ca. 119 kcal, 4 g EW, 6 g F, 10 g KH
Zubereitung: ca. 5 Min. + Backzeit ca. 35 Min.

1. Kichererbsen in ein Sieb geben, abspülen und abtropfen lassen. Backofen auf 180 °C (Umluft 160 °C) vorheizen. Kichererbsen gründlich mit einem sauberen Küchenhandtuch trocken reiben. Sie müssen absolut trocken sein, um knusprig zu werden. Kichererbsen mit Öl mischen.

2. Kichererbsen auf einem mit Backpapier belegten Backblech verteilen und ca. 25 Minuten im vorgeheizten Backofen rösten. Mit Paprika- und Currypulver mischen, wieder in den Backofen schieben und weitere ca. 10 Minuten rösten.

Variieren Sie bei den Gewürzen. Süßlich schmecken sie, wenn man z. B. mit Zimt und Vanille würzt und etwas Ahornsirup zugibt. Wer sie schärfer haben möchte, gibt noch etwas Chilipulver hinzu.

Schinken-Röllchen

Zutaten für 4 Portionen

200 g Frischkäse

2 EL Senf

8 Scheiben Kochschinken

8 Gewürzgurken

außerdem:
Salz, frisch gemahlener Pfeffer

Pro Portion: ca. 208 kcal, 13 g EW, 15 g F, 3 g KH
Zubereitung: ca. 10 Min. + Kühlzeit ca. 20 Min.

1. Frischkäse und Senf verrühren. Mit Salz und Pfeffer abschmecken. Schinkenscheiben auf die Arbeitsfläche legen und jeweils etwas von der Frischkäsemasse bis zum Rand darauf verstreichen.

2. Gewürzgurken in Scheiben schneiden und jede Schinkenscheibe damit belegen. Schinkenscheiben aufrollen und ca. 20 Min. kalt stellen. Zum Servieren Schinkenröllchen quer in 3 bis 4 gleich große Stücke schneiden.

Statt die Röllchen mit Gewürzgurken zu füllen, können Sie auch anderes Gemüse verwenden. Ob frische Paprika, Oliven oder eingelegte Maiskölbchen – variieren Sie ganz nach Ihrem Geschmack.

Knäckebrot-Türmchen

Zutaten für 2 Portionen

200 g Salatgurke

200 g körniger Frischkäse

1 TL Senf

4 Scheiben Knäckebrot

2 EL Samenmischung

außerdem:
Salz, frisch gemahlener Pfeffer

Pro Portion: ca. 182 kcal, 17 g EW, 4 g F, 17 g KH
Zubereitung: ca. 10 Min.

1. Gurke waschen und fein würfeln. Frischkäse mit Senf verrühren, Gurkenstückchen unterrühren und mit Salz und Pfeffer abschmecken.

2. Knäckebrotscheiben halbieren und mit der Frischkäsemischung bestreichen. Mit Samen bestreuen und zu Türmchen zusammensetzen.

Das Knäckebrot schmeckt auch lecker mit Frischkäse bestrichen. Die Salatgurke können Sie ganz nach Belieben mit anderem Gemüse austauschen, z. B. mit Radieschen, Paprika, Tomaten oder Kohlrabi.

Mini-Zucchini-Pizza

Zutaten für ca. 20 Stück

2 mittelgroße Zucchini

250 g passierte Tomaten

1 EL getrockneter Oregano

8–12 Mini-Cabanossi

100 g Mozzarella

außerdem:
Salz, frisch gemahlener Pfeffer, 1 EL Öl, Basilikum zum Garnieren

Pro Stück: ca. 41 kcal, 2 g EW, 3 g F, 1 g KH

Zubereitung: ca. 20 Min. + Backzeit ca. 10 Min.

1. Backofen auf 180 °C (Umluft 160 °C) vorheizen. Zucchini waschen, putzen und trocken tupfen. In ca. 1 Zentimeter dicke Scheiben schneiden. Öl erhitzen und Zucchinischeiben ca. 2–3 Minuten anbraten, bis sie leicht gebräunt sind. Mit Salz und Pfeffer würzen.

2. Passierte Tomaten mit Oregano, Salz und Pfeffer verrühren. Zucchinischeiben nebeneinander auf ein mit Backpapier belegtes Backblech legen und jeweils einen Klecks von der Tomatensoße darauf verstreichen. Cabanossi in Scheiben schneiden und darauflegen. Mozzarella klein schneiden und jeweils etwas Käse auf den Zucchinischeiben verteilen.

3. Mini-Zucchini-Pizzas in den vorgeheizten Backofen schieben und ca. 8–10 Minuten backen, bis der Käse zerlaufen ist. Basilikum waschen, trocken schütteln und Blättchen abzupfen. Mini-Zucchini-Pizza mit Basilikum bestreut servieren.

Apfel-Chips

Zutaten für 2 Portionen

2 Äpfel

1 Zitrone

etwas Zimt

Pro Portion: ca. 70 kcal, 0 g EW, 0 g F, 17 g KH

Zubereitung: ca. 10 Min. + Backzeit ca. 2 Std.

1. Backofen auf 90 °C (Umluft 70 °C) vorheizen. Äpfel waschen, trocken tupfen und mit einem Ausstecher entkernen. In dünne Ringe schneiden oder hobeln. Je dünner sie geschnitten sind, desto knuspriger werden sie. Zitrone halbieren und Saft auspressen. Apfelringe mit Zitronensaft und Zimt vermischen.

2. Apfelringe auf ein mit Backpapier belegtes Backblech legen und ca. 2 Stunden im vorgeheizten Backofen trocknen und backen. Wichtig: Einen Holzlöffel zwischen die Ofentür klemmen, so kann die Feuchtigkeit entweichen. Etwas abkühlen lassen und knabbern.

Anstelle des Zitronensaftes können Sie auch Orangensaft verwenden. Alternativ die Apfelscheiben mit Zimtzucker bestreuen, wenn sie süßer schmecken sollen.

Für figurbewusste Naschkatzen

Himbeer-Sorbet

Zutaten für 4 Portionen

600 g TK-Himbeeren

1 Zitrone

4 EL Honig

außerdem:
einige Himbeeren und Minze zum Garnieren

Pro Portion: ca. 105 kcal, 2 g EW, 0 g F, 18 g KH
Zubereitung: ca. 20 Min. + Gefrierzeit ca. 2 Std.

1. Himbeeren antauen lassen. Zitrone halbieren und Saft auspressen. Himbeeren, Zitronensaft und Honig im Mixer zu einer glatten Masse pürieren. Nach Belieben die Masse durch ein feines Sieb streichen, um die Kerne zu entfernen.

2. Masse in eine gefriergeeignete Form füllen, glatt verstreichen und ca. 1 Stunde einfrieren, bis sie halbfest ist. Herausnehmen und einmal gut umrühren. Eine weitere Stunde einfrieren.

3. Minze waschen, trocken schütteln und Blättchen abzupfen. Zum Servieren mit einem Esslöffel oder Eisportionierer Himbeersorbet in Schalen anrichten und mit Himbeeren und Minzeblättchen garniert servieren.

Bananen-Mug-Cake

Zutaten für 1 Portion

1 reife Banane

50 ml fettarme Milch

35 g Vollkornmehl

½ TL Zimt

1 TL Honig

außerdem:
nach Belieben Bananenscheiben, Nüsse und Minze zum Garnieren

Pro Portion: ca. 282 kcal, 7 g EW, 2 g F, 55 g KH
Zubereitung: ca. 5 Min.

1. Banane schälen und im Becher mit einer Gabel zerdrücken. Milch zugeben und so lange rühren, bis die Masse cremig ist. Mehl, Zimt und Honig unterrühren.

2. Becher in der Mikrowelle bei 750 Watt ca. 2 Minuten erhitzen. Kurz abkühlen lassen und nach Belieben mit Bananenscheiben, Nüssen und gewaschener, trocken geschüttelter Minze garnieren.

__ Verwenden Sie einen großen mikrowellengeeigneten Becher, der lieber etwas größer als zu klein ist, denn Mug Cakes gehen in der Mikrowelle wie ein Soufflé auf. Sie fallen später wieder zusammen.

Apfel-Crumble
mit Haferflocken

Zutaten für 2 Portionen

2 Äpfel

2 EL Ahornsirup

30 g Haferflocken

30 g gemahlene Mandeln

½ TL Zimt

außerdem:
1 EL Öl

Pro Portion: ca. 300 kcal, 6 g EW, 14 g F, 38 g KH
Zubereitung: ca. 10 Min. + Backzeit ca. 20 Min.

1. Backofen auf 200 °C (Umluft 180 °C) vorheizen. Äpfel waschen, schälen, entkernen und in kleine Stücke schneiden. Mit 1 Esslöffel Ahornsirup verrühren und in 2 ofenfeste Förmchen füllen.

2. Haferflocken mit Mandeln, Zimt, restlichem Ahornsirup und Öl mischen und verkneten. Die Brösel auf den Äpfeln verteilen. Apfel-Crumbles im vorgeheizten Backofen ca. 15–20 Minuten backen. Etwas abkühlen lassen und genießen.

Dazu passt eine leichte Vanillesoße. Von 500 Milliliter fettarmer Milch 6 Esslöffel abnehmen und mit 1 Esslöffel Speisestärke, Mark von ½ Vanilleschote und einem Eigelb verrühren. Restliche Milch aufkochen und die verrührte Stärke zugeben. Aufkochen lassen, dabei die ganze Zeit rühren. Mit etwas Zucker oder Sirup bzw. Honig süßen.

Quarkauflauf
mit Kirschen

Zutaten für 4 Portionen

300 g Kirschen (aus dem Glas)

500 g Magerquark

250 ml fettarme Milch

2 Eier

1 Pck. Vanillepudding-pulver

Pro Portion: ca. 231 kcal, 20 g EW, 4 g F, 29 g KH
Zubereitung: ca. 10 Min. + Backzeit ca. 30 Min.

1. Kirschen in ein Sieb geben und abtropfen lassen. Backofen auf 200 °C (Umluft 180 °C) vorheizen. Quark mit Milch, Eiern und Puddingpulver verrühren. Quarkmasse in eine Auflaufform füllen und die Kirschen darauf verteilen.

2. Auflauf im vorgeheizten Backofen ca. 30 Minuten backen. Wird der Auflauf zu braun, mit Alufolie abdecken.

Variieren Sie den Auflauf z. B. mal mit Beeren. Ob Himbeeren, Erdbeeren, Blaubeeren, Stachelbeeren oder Johannisbeeren – sie alle machen sich toll im Quarkauflauf.

Chiapudding
mit Erdbeeren

Zutaten für 2 Portionen

60 g Chiasamen

500 ml Mandelmilch

2 TL Ahornsirup

180 g Erdbeeren

außerdem:
Minze zum Garnieren

Pro Portion: ca. 256 kcal, 7 g EW, 12 g F, 20 g KH
Zubereitung: ca. 10 Min. + Ruhezeit ca. 2 Std.

1. Chiasamen mit Mandelmilch und 1 Teelöffel Ahornsirup verrühren und die Masse auf 2 Dessertgläser verteilen. Mindestens 2 Stunden quellen lassen.

2. Erdbeeren waschen, trocken tupfen und putzen. 2–3 Erdbeeren zum Garnieren beiseitelegen, restliche Erdbeeren mit restlichem Ahornsirup pürieren.

3. Chiasamen noch einmal umrühren. Erdbeerpüree daraufgeben. Minze waschen, trocken schütteln und Blättchen abzupfen. Beiseitegelegte Erdbeeren halbieren oder vierteln und mit Minzeblättchen als Garnitur darauf anrichten.

Mango-Nicecream

Zutaten für 2 Portionen

1 Banane

1 Mango

1 Limette

2 TL Zucker

150 g Naturjoghurt

Pro Portion: ca. 186 kcal, 4 g EW, 3 g F, 33 g KH
Zubereitung: ca. 15 Min. + Gefrierzeit ca. 3 Std.

1. Banane schälen und in Scheiben schneiden. Mango schälen, halbieren, entsteinen und Fruchtfleisch klein schneiden. Banane und Mango in einen gefriergeeigneten Behälter legen und ca. 2 Stunden einfrieren.

2. Limette halbieren und Saft auspressen. Gefrorene Früchte mit Limettensaft, Zucker und Joghurt im Mixer pürieren und ca. 1 weitere Stunde einfrieren. Zum Servieren mit einem Esslöffel oder Eisportionierer Nicecream in Schalen anrichten und genießen.

Nicecreams sind gerade voll im Trend und eine tolle und vor allem leichte Alternative zu herkömmlicher Eiscreme. Als Grundlage dient immer gefrorene Banane, die die Nicecream schön cremig werden lässt. Nach Belieben können dann ganz nach Geschmack weitere gefrorene Früchte zugegeben werden. Wie wäre es z. B. mit Himbeeren, Erdbeeren oder Kirschen?

Beeren-Protein-Fluff

Zutaten für 1 Portion

100 g Erdbeeren

100 g Brombeeren

125 ml fettarme Milch

30 g Eiweißpulver mit Vanillegeschmack

Pro Portion: ca. 249 kcal, 34 g EW, 4 g F, 18 g KH
Zubereitung: ca. 20 Min.

1. Erdbeeren waschen, trocken tupfen, entstielen und je nach Größe halbieren. Brombeeren verlesen, waschen und trocken tupfen.

2. Erdbeeren und Brombeeren mit der Hälfte der Milch im Mixer fein pürieren. Restliche Milch und Eiweißpulver untermischen. Damit es eine fluffige Konsistenz bekommt, mit dem Handmixer ca. 10 Minuten aufschlagen. Anschließend sofort genießen.

Verwenden Sie für den Protein-Fluff kein Whey-Proteinpulver, es ist dafür ungeeignet. Besser ist reines Casein oder ein Eiweißpulver mit hohem Casein-Anteil.

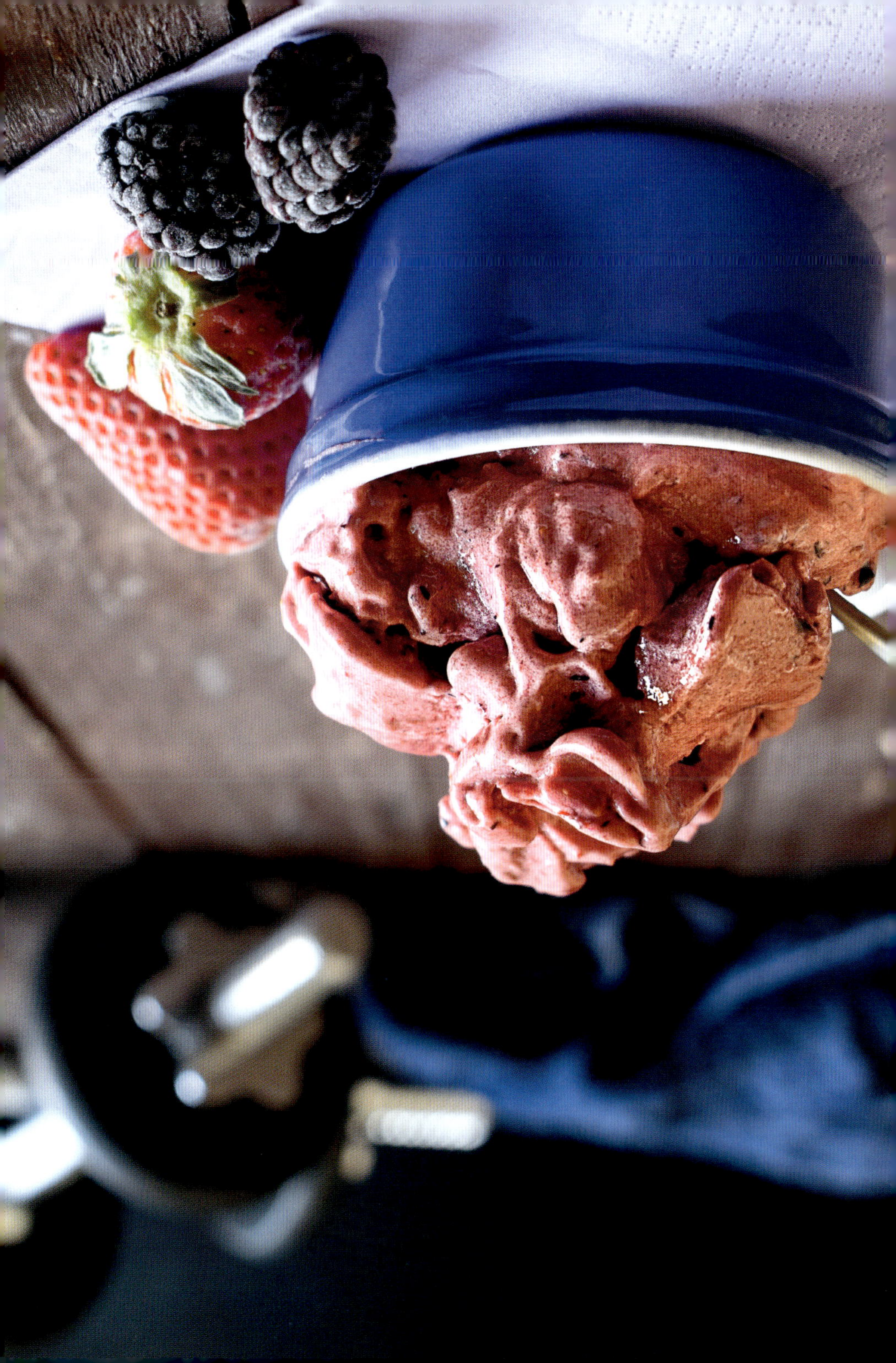

Blaubeer-Joghurt

Zutaten für 2 Portionen

300 g Blaubeeren

1 unbehandelte Zitrone

400 g Naturjoghurt

2 TL Honig

außerdem:
Minze zum Garnieren

Pro Portion: ca. 223 kcal, 8 g EW, 8 g F, 28 g KH
Zubereitung: ca. 15 Min.

1. Blaubeeren verlesen, waschen und trocken tupfen. Einige Beeren für die Garnitur beiseitelegen. Zitrone waschen und Schale abreiben. Joghurt glatt rühren und Zitronenschale und Honig unterrühren. Blaubeeren pürieren und unter den Joghurt rühren.

2. Minze waschen, trocken schütteln und Blättchen abzupfen. Fruchtjoghurt in Dessertgläser füllen und mit den beiseitegelegten Blaubeeren und Minzeblättchen garniert servieren.

Der Joghurt kann ganz nach Belieben mit verschiedenen Früchten variiert werden. Sehr lecker schmecken Beeren aller Art, aber auch Maracuja, Pfirsich oder Kirschen eignen sich gut.

Schoko-Erdbeeren

Zutaten für 4 Portionen

500 g Erdbeeren

100 g Zartbitter-Schokolade

Pro Portion: ca. 178 kcal, 3 g EW, 9 g F, 18 g KH

Zubereitung: ca. 30 Min.

1. Erdbeeren waschen und vorsichtig trocken tupfen, aber nicht entstielen. Schokolade hacken und über dem heißen Wasserbad schmelzen.

2. Erdbeeren zur Hälfte in die Schokolade tauchen, überschüssige Schokolade abtropfen lassen und Erdbeeren auf Backpapier legen, bis die Schokolade fest ist.

Für Schoko-Früchte eignen sich neben Erdbeeren vor allem Bananen, Äpfel, Trauben und Birnen.

Zitronen-Joghurt-Creme

Zutaten für 2 Portionen

1 unbehandelte Zitrone

250 g Magerquark

100 g Naturjoghurt

flüssiger Süßstoff nach Belieben

Pro Portion: ca. 115 kcal, 16 g EW, 2 g F, 5 g KH
Zubereitung: ca. 15 Min. + Kühlzeit ca. 1 Std.

1. Zitrone waschen, trocken reiben und halbieren. 4 dünne Scheiben für die Garnitur abschneiden. Von der restlichen Zitrone Schale abreiben und Saft auspressen.

2. Quark mit Joghurt, Zitronensaft, Zitronenschale und Süßstoff verrühren. Creme in 4 Schälchen füllen und für ca. 1 Stunde in den Kühlschrank stellen. Mit Zitronenscheiben garniert servieren.

Für eine Limettencreme 2 unbehandelte Limetten statt Zitrone verwenden und Creme wie im Rezept beschrieben zubereiten.

Register

Bildnachweis

Rezeptbilder/Shutterstock: 3 Foxys Forest Manufacture, 7 Subbotina Anna, 11 SUPREEYA-ANON, 13 Ariwasabi, 15 SpeedKingz, 21 Gosia Zet, 23 Oksana_Slepko, 25 Nata_Aster, 27 RikoBest, 29 soul_studio, 31 Olha Afanasieva, 33 mubus7, 35 Elena Veselova, 37 Christoph Peich, 39 MariaKovaleva, 41 iuliia_n, 43 topotishka, 45 New Africa, 49 vlasna, 51 Ildi Papp, 53 iuliia_n, 55 Marcelo Trad, 57 vm2002, 59 Wiktory, 61 MShev, 63 Olha Afanasieva, 65 teleginatania, 67 AS Food studio, 69 Barbara Dudzinska, 71 Ildi Papp, 73 Robyn Mackenzie, 75 Olga Nayashkova, 79 Tatiana Bralnina, 81 Barbara Dudzinska, 83 Anna_Pustynnikova, 85 Goskova Tatiana, 87 Tatiana Volgutova, 89 margouillat photo, 91 Nina Firsova, 93 kuvona, 95 Elena Fabbrili, 97 Ratov Maxim, 99 Barbara Dudzinska, 101 Jacek Chabraszewski, 103 nndrln, 105 MariaKovaleva, 109 IriGri, 111 MariaKovaleva, 113 Lapina Maria, 115 MariaKovaleva, 117 Anna_Pustynnikova, 119 Ildi Papp, 121 alisafarov, 123 Brent Hofacker, 125 Amallia Eka, 127 Brent Hofacker, 129 Elena Shashkina, 131 Kiian Oksana, 133 zoryanchik, 135 Oksana Mizina, 139 Lesya Dolyuk, 141 ILEISH ANNA, 143 Stephanie Frey, 145 yuda chen, 147 rom_olik, 149 LongJon, 151 Micaela Fiorellini, 153 sarsmis, 155 Brent Hofacker, 157 MariaKovaleva; Coverabbildungen: siehe Innenteil

Zutatenbilder/Shutterstock: Africa Studio, akepong srichaichana, Alex Staroseltsev, Alex Streinu, Alexander Raths, Alter-ego, Andrii Horulko, Anton Starikov, aperturesound, ariy, Art65395, Artem Kutsenko, Asier Romero, baibaz, bergamont, Billion Photos, Binh Thanh Bui, Birgit Reitz-Hofmann, bonchan, Brent Hofacker, Chursina Viktoriia, cristi180884, Da-ga, Davydenko Yuliia, diamant24, Diana Taliun, Dionisvera, Egor Rodynchenko, Eivaisla, Elena Zajchikova, Elovich, EM Arts, Evgeny Karandaev, Evgeny Tomeev, FeellFree, Food Impressions, fotoearl, Gavran333, geniuscook_com, George3973, Gita Kulinitch Studio, Gl0ck, gresei, Hong Vo, Imageman, Ionut Mocan, Ivaylo Ivanov, Jiri Hera, Khumthong, Kim Reinick, Kovaleva_Ka, Krzysztof Slusarczyk, LorenzoArcobasso, Lotus Images, M. Unal Ozmen, mad4design.com, Madlen, majaan, Maks Narodenko, mama_mia, MaraZe, Marek R. Swadzba, margouillat photo, Mona Makela, Moving Moment, MR.Yanukit, Nataliia K, Nataly Studio, Nattika, New Africa, Nik Merkulov, NIPAPORN PANYACHAROEN, Norrabhudit, nortongo, Oliver Hoffmann, Peter Zijlstra, Philip Kinsey, picturepartners, Preto Perola, Satit Pecharut, Scisetti Alfio, Sergiy Kuzmin, showcake, Spalnic, spaxiax, sripfoto, Tanya Sid, Thasneem, ThomsonD, Tim UR, timquo, topseller, V_E, Valentyn Volkov, Valery121283, verca, Viktar Malyshchyts, virtu studio, vitals, Volosina, Y Photo Studio, Yasonya, zcw, zkruger

Impressum

Genehmigte Sonderausgabe

ISBN 978-3-7359-2082-9

Komplettproducing: twinbooks, München
Text und Lektorat: Annerose Sieck, Eva Hutter für twinbooks, München